UTB **3380**

W0193670

Eine Arbeitsgemeinschaft der Verlage

Böhlau Verlag · Köln · Weimar · Wien
Verlag Barbara Budrich · Opladen · Farmington Hills
facultas.wuv · Wien
Wilhelm Fink · München
A. Francke Verlag · Tübingen und Basel
Haupt Verlag · Bern · Stuttgart · Wien
Julius Klinkhardt Verlagsbuchhandlung · Bad Heilbrunn
Lucius & Lucius Verlagsgesellschaft · Stuttgart
Mohr Siebeck · Tübingen
Orell Füssli Verlag · Zürich
Ernst Reinhardt Verlag · München · Basel
Ferdinand Schöningh · Paderborn · München · Wien · Zürich
Eugen Ulmer Verlag · Stuttgart
UVK Verlagsgesellschaft · Konstanz
Vandenhoeck & Ruprecht · Göttingen
vdf Hochschulverlag AG an der ETH Zürich

UTB Profile

Franz-Michael Konrad

Wilhelm von Humboldt

Haupt Verlag

Prof. Dr. Franz-Michael Konrad ist Professor für Historische und Vergleichende Pädagogik an der Katholischen Universität Eichstätt-Ingolstadt.

1. Auflage: 2010

Bibliografische Information der *Deutschen Nationalbibliothek*
Die Deutsche Nationalbibliothek verzeichnet diese Publikation in der Deutschen Nationalbibliografie; detaillierte bibliografische Daten sind im Internet über http://dnb.d-nb.de abrufbar.

ISBN 978-3-8252-3380-8

Satz: Verlag die Werkstatt, Göttingen
Reihenkonzept und Umschlagentwurf: Alexandra Brand
Umschlagumsetzung: Atelier Reichert, Stuttgart

Printed in Germany

www.haupt.ch
UTB-Bestellnummer: 978-3-8252-**3380**-8

Inhalt

Warum Wilhelm von Humboldt?

Nur wenige unter den großen Namen des 19. Jahrhunderts dürften einer breiteren Öffentlichkeit heute so geläufig sein wie der des Privatgelehrten, zeitweiligen Bildungspolitikers, Diplomaten und Ministers Wilhelm von Humboldt (1767–1835). Wie das? Was sind die Gründe für die Popularität dieses Mannes? Es ist das Stichwort «Bildung», das hier den entscheidenden Hinweis liefert, denn die Frage nach der Bildung des Menschen hat Humboldt Zeit seines Lebens bewegt und zu tiefgründigen Reflexionen animiert. So ist es kein Zufall, dass immer dann, wenn es um Bildung geht und die ungelösten Fragen des Bildungswesens in den Brennpunkt der Aufmerksamkeit rücken, der Name Humboldt fällt und man sich seines Beitrags zum Bildungsdiskurs erinnert. Ein Umstand, der sich auf absehbare Zeit kaum ändern wird. Mit unseren Schulen und Universitäten als Dauerbaustellen bleibt auch Humboldt im Gespräch.

Allerdings sind diese Bezugnahmen durchaus ambivalent. Den mannigfachen Hinweisen auf Humboldt entspricht selten eine nähere Kenntnis dessen, was er wirklich gesagt und gewollt, geschweige denn, was er tatsächlich bewirkt hat. Kaum jemandem, der sich auf Humboldt beruft, dürfte je mehr als die eine oder andere kontextlose Sentenz begegnet sein. Von der gleichmäßigen Ausbildung aller Kräfte als Ziel der Bildung ist dann die Rede oder von der Einheit von Forschung und Lehre, die es an den Universitäten zu bewahren gelte. Zu Parolen geronnene Leerformeln. Insofern ist Humboldt nicht zuletzt ein Phänomen höchst selektiver und partieller Rezeption.

Dabei ist die fehlende Kenntnis seines Werkes nicht eigentlich erstaunlich. Als Literat konnte Humboldt nicht glänzen. Kein Geringerer als Friedrich Schiller hat seinen Freund Humboldt wissen lassen, dass er ihn nicht gerade für einen geschmeidigen Stilisten hielt. Tatsächlich dürfen Humboldts theoretische Abhandlungen, seine Beiträge zu Fragen der Kunsttheorie, zur Philosophie und Geschichte, zur Anthropologie und Psychologie, zur Staatstheorie und Sprachwissenschaft, als anspruchsvolle und nicht selten schwer zugängliche Lektüre gelten. Denn ihr Autor hat nicht an ein Publikum gewandt geschrieben. Humboldt war nicht Teil des zu seiner Zeit gerade entstehenden literarischen Marktes, auf dem sich ein Lessing, ein Goethe und ein Schiller auch und gerade mit ihren theoretischen Schriften zu bewähren hatten. Humboldt blieb nicht selten allein mit seinen Werken. Wenn wir den beeindruckenden Umfang des Humboldtschen Werkes mit Respekt zur Kenntnis nehmen, dann dürfen wir nicht übersehen, dass nur ein geringer Teil desselben zu Lebzeiten des Autors publiziert worden ist. Das meiste von dem, was wir heute kennen, wurde erst posthum aus dem Nachlass veröffentlicht. Humboldts Schriften dokumentieren die komplizierte Entwicklung tiefschürfender Gedanken, die vor allem deshalb niedergeschrieben wurden, um ihrem Schöpfer als Selbstvergewisserung zu dienen und das eigene Weiterdenken zu erleichtern. Humboldts Stil war eigenwillig, die Gedankenführung oftmals verschlungen und vielfach redundant.

Auch war Humboldt bei aller Produktivität ein auf Rezeption angelegter Geist. Als ein manischer Gedankensammler hat er alles aufgesogen, was ihm wichtig und interessant erschien. Mit allen bedeutenden intellektuellen Bewegungen seiner Zeit und deren Protagonisten hat er sich intensiv auseinandergesetzt. An seine Frau Caroline schrieb Humboldt im Oktober 1804: «Wer, wenn er stirbt, von sich sagen kann: Ich habe so viel Welt, als ich konnte, erfasst, und in meine Menschheit verwandelt, der hat sein Ziel erfüllt» (WCB II, S. 262f.). Sein Denken hat Humboldt denn auch – um dessen synkretistische Art wissend – nie als systematisch bezeichnet. Vieles hat er betrieben, dies aber auch in dem Bewusstsein, es nicht immer mit der wünschenswerten Tiefe und Ausdauer tun zu können. Einzig in den bildungspolitischen Äußerungen, den Tätigkeitsberichten und den Denkschriften Humboldts lässt sich eine adressatengenaue Mitteilungsabsicht ausmachen. Hier galt es, Meinungen zu beeinflussen, politische Entscheidungen vorzubereiten, sie zu begründen und praktisch umzusetzen. Diese Texte sind knapp gehalten und präzise formuliert.

Dies alles macht die Annäherung an das Werk Wilhelm von Humboldts zu einem schwierigen Unterfangen. Immerhin lässt sich dieses Werk mit allen notwendigen Relativierungen und Einschränkungen in die folgenden Epochenabschnitte gliedern, denen auch die Kapiteleinteilung des vorliegenden Buches folgt:

(1) Ein erster Schaffensabschnitt zwischen 1788 und 1792, in dem Humboldt, zurückgezogen auf den Gütern seines Schwiegervaters in Thüringen lebend, seine frühe politische Theorie entwickelt (Kapitel 2).
(2) Die Jahre zwischen 1793/94 und 1808, die Humboldt zuerst in Gemeinschaft mit Goethe und Schiller in Jena, anschließend in Paris und Rom verbringt, sich mit der (griechischen) Antike beschäftigt, an einer Theorie der Bildung arbeitet und anthropologische Studien treibt (Kapitel 3, 4 und 5).

(3)Die kurze Zeit, in der Humboldt 1809/10 als Bildungsreformer in Preußen wirkt, und die seinen Ruhm und seine öffentliche Nachwirkung bis heute begründet (Kapitel 5 und 6).

(4)Das Jahrzehnt 1810 bis 1819, das Humboldt im diplomatischen Dienst an den Brennpunkten europäischer Politik und als Verfassungsminister in Berlin sieht, Memoranden und Denkschriften politischen, vor allem verfassungspolitischen Inhalts verfassend (Kapitel 7).

(5)Und schließlich die letzten anderthalb Jahrzehnte seines Lebens, in denen Humboldt seine schon um die Jahrhundertwende begonnenen sprachwissenschaftlichen Studien wieder aufnimmt und konsequent und mit langem Atem betreibt (Kapitel 8).

Nicht zufällig sind diese Zäsuren fast immer mit Ortswechseln verbunden gewesen, wie das Leben Humboldts überhaupt viele geographisch weit auseinander liegende Schauplätze gekannt hat.

Im Folgenden soll in das Werk Humboldts, wie es sich in diese fünf Abschnitte gliedern lässt, eingeführt werden. Im Mittelpunkt eines jeden Kapitels stehen ausgewählte und für die Thematik der jeweiligen Epoche repräsentative Arbeiten Humboldts. Dabei bleiben die Briefe und Tagebücher, deren Einbezug das Bild zweifellos gerundet hätte, weitgehend unberücksichtigt. Vollständigkeit ist nicht beabsichtigt, denn das wäre angesichts des knappen Umfangs des vorliegenden Buches ein nicht einlösbarer Anspruch. Auch können keine erschöpfenden Interpretationen unternommen werden. Es sollen vielmehr, jeweils dicht am Text, exemplarische, dabei jedoch zentrale Aspekte herausgearbeitet werden. Schließlich kann es auch nicht darum gehen, die Lebensgeschichte Humboldts nachzuerzählen. Biographische Hinweise finden sich im Folgenden nur dort, wo sie zum Verständnis des Werks erforderlich sind.

Wenn dieses Werk in seiner thematischen Vielfalt, wie angedeutet, unter den Schlüsselbegriff «Bildung» subsumiert werden kann, dann gilt es zu bedenken: Humboldt verwendet «Bildung» in einem weiteren und zugleich unbestimmteren Sinne als wir dies heute gemeinhin tun. «Bildung» war für Humboldt kein Begriff, der eine bündige Definition zugelassen hätte. Es handelt sich mehr um einen Begriff heuristischen Charakters, um einen Suchbegriff, eine Chiffre für das Humboldt zeitlebens bewegende Problem der menschlichen Existenz unter den Bedingungen der Moderne.

Wilhelm von Humboldt im Profil

Ein junger Herr von Adel

Wilhelm von Humboldt genießt die Vorrechte einer privilegierten Geburt: Wie in Adelskreisen üblich wird er von Hauslehrern erzogen, die ihn auch in die Kreise des Berliner Bildungsbürgertums einführen und mit der Philosophie der Aufklärung bekannt machen. Mit dem öffentlichen Bildungswesen in Berührung kommt Humboldt anlässlich seiner Immatrikulation an der Universität Frankfurt an der Oder.

Humboldt wird am 22. Juni 1767 in der preußischen Garnisons- und Residenzstadt Potsdam geboren. Die Familie ist keineswegs von altem Adel. Erst der Großvater des jungen Humboldt hatte 1738 den Titel verliehen bekommen. Auch der Wohlstand der Familie entstammt einer Quelle, die sich erst kürzlich aufgetan hat. Der Vater, Alexander Georg von Humboldt, hatte noch als Offizier im Militärdienst sein Auskommen gesucht und an allen Eroberungskriegen des Preußenkönigs Friedrich II. (regierte von 1740 bis 1786) teilgenommen. 1766 allerdings konnte Alexander Georg eine wohlhabende Witwe ehelichen, die einer hugenottischen Einwandererfamilie entstammende Marie Elisabeth von Holwede, geborene Colomb. Die Hugenotten, Religionsflüchtlinge aus Frankreich, waren von Friedrich Wilhelm, dem Großen Kurfürsten (regierte von 1640 bis 1688), nach Brandenburg geholt worden, weil dieser sich – zu Recht übrigens, wie sich beispielhaft an der Familie Colomb zeigen sollte – von deren Fleiß und Erfindungsgabe Entwicklungsimpulse für sein vom Dreißigjährigen Krieg verheertes Land versprach.

Wie in adeligen Kreisen üblich, werden die Gebrüder Humboldt – Alexander von Humboldt war am 14. September 1769 zur Welt gekommen – von sogenannten Hofmeistern erzogen und unterrichtet: Bis 1777 ist dies der später berühmte Schulgründer, Verleger und Jugendbuchautor Joachim Heinrich Campe, danach kommt Gottlob Johann Christian

Kunth ins Haus. Der Unterricht ist vielseitig und umfasst alle denkbaren Wissensgebiete, wobei besonders die alten Sprachen ausgiebig gepflegt werden.

Für die zu Jugendlichen herangewachsenen Knaben stellt die Mutter (der Vater war 1779 gestorben) auf Vermittlung von Kunth renommierte, wissenschaftlich ausgewiesene Intellektuelle an, die, selbst in hohen Staatsämtern stehend, die jungen adeligen Herren in Privatkollegs auf den Universitätsbesuch vorbereiten: Von 1785 an Christian Wilhelm Dohm, der den Brüdern Vorlesungen in Nationalökonomie hält, Ernst Ferdinand Klein, der Naturrecht lehrt, und Johann Jakob Engel, der für Philosophie und Geschichte zuständig ist und in diesem Zusammenhang auch für eine erste Begegnung seiner Zöglinge mit der Geisteswelt der griechischen Antike sorgt.

In diese Zeit fällt ein von Engel angeregter kleiner Text aus der Feder des damals 18-jährigen Wilhelm von Humboldt, die Schrift *Sokrates und Platon über die Gottheit, über die Vorsehung und Unsterblichkeit* von 1785, eine fragmentarische Übersetzung aus Platons «Gesetzen» und Xenophons «Denkwürdigkeiten des Sokrates» samt knappem Vorwort und Kommentar. Humboldt versucht darin die ihn irritierende Erfahrung zu verarbeiten, dass auch im Zeitalter der Aufklärung «viele sich weit von dem Wege der Vernunft und der ächten Weisheit entfernen» (GS I, S. 2). Im Blick auf zahlreiche Zeitgenossen konstatiert er verblüfft: «Sie wollen nicht raisonniren, sie wollen glauben» (GS I, S. 3), während er selbst findet: «Wer der kalten Vernunft folgt, hat einen sicheren Führer, hat feste Regeln, die ihn bald erinnern, wenn er sich vielleicht einmal vom Wege der Wahrheit entfernt» (GS I, S. 3).

Vor diesem Hintergrund scheint es dem jungen Mann «nicht uninteressant zu sein, einmal zu untersuchen, wie man in den blühendsten Zeiten Athens und Roms über diese Gegenstände gedacht habe» (GS I, S. 4). Immerhin stellt er, wenn er sich seine eigenen Zeitumstände und im Vergleich damit die Antike vor Augen führt, eine «auffallende Ähnlichkeit beider Perioden in dem beständigen Kampfe der Wahrheit und Vernunft gegen Zweifelsucht und Schwärmerei» (GS I, S. 4) fest. 1787 wird diese Arbeit sogar in einem «Lesebuch» publiziert, das in klassisch aufklärerischer Manier «zur Beförderung edler Grundsätze, echten Geschmacks und nützlicher Kenntnisse» beitragen will.

Humboldts Bekenntnis zur Aufklärung kommt nicht von Ungefähr. Über Kunth und ihre Privatlehrer werden die Brüder nämlich nicht nur mit der Philosophie der Aufklärung bekannt gemacht, sondern auch in jene Kreise eingeführt, in denen sich das aufgeklärte Bildungsbürgertum trifft, eine Geisteselite, die jenseits des Hofes und in Opposition zu einer als überlebt empfundenen Adelskultur die öffentlichen Diskurse und das intellektuelle Klima zu bestimmen beginnt. Höhere Beamte, Professoren, Literaten, Ärzte, Theologen, erfolgreiche Kaufleute und Unternehmer, gleichermaßen aufgeschlossene Adelige und Bürgerliche, Christen und Juden, finden sich nach dem Vorbild der englischen Coffeehouses und der französischen Salons zu Tischgesellschaften, Lesezirkeln und literarischen Runden zusammen. Dort lässt man die neuesten Journale zirkulieren, macht sich gegenseitig auf wichtige Bücher aufmerksam, liest diese gemeinsam und diskutiert über alles, gleich ob dies die Politik, die Kunst, die Philosophie oder ganz allgemein das Leben betrifft. Auffallend viele Frauen sind in diesen Zirkeln führend engagiert. Im Berliner Salon der jüdischen Arztgattin Henriette Herz verkehren auch die jungen Brüder von Humboldt Mitte der 1780er-Jahre einige Zeit und finden sich in jenes Netzwerk eingebunden, das man später in der wissenschaftlichen Literatur als «Berliner Aufklärung» bezeichnen wird. Es mag den bürgerlichen Wurzeln und der noch nicht lange zurückliegenden Nobilitierung der Familie Humboldt geschuldet sein, dass deren Abkömmlinge Wilhelm und Alexander ungeachtet ihrer Herkunft und der sich daraus ergebenden Lebensumstände immer eher wie die Angehörigen der bürgerlichen Avantgarde, nicht hingegen wie die Mehrzahl ihrer adeligen Standesgenossen gedacht haben. In dem Jahr seines Berliner juristischen Referendariats 1790/91 wird Humboldt noch einmal in einem berühmten Salon der Zeit, dem der Rachel Levin, ein und aus gehen. Jahrzehnte später, während ihrer Aufenthalte in Paris, Rom und Wien, sollten Humboldt und seine Frau dann selbst zum Mittelpunkt lebendiger Salongeselligkeit werden.

In der Regel war jungen Adeligen in Preußen die militärische Laufbahn vorbestimmt. Anders im Falle der Humboldts. Von Dohm, Klein und Engel auf den Besuch einer Universität vorbereitet, schreiben sich die Brüder Humboldt im Wintersemester 1787/88 in Frankfurt an der Oder ein. Nach nur einem halben Jahr wechselt Wilhelm – ohne seinen Bruder Alexander (der ihm erst 1789 dorthin nachfolgt) und auch ohne den Hauslehrer Kunth, der die beiden nach Frankfurt begleitet hatte – im Sommersemester 1788 an eine noch junge, aber damals führende Universität in Deutschland, die Universität Göttingen. Während Wilhelm von Humboldt in Frankfurt, standesgemäß zwar, aber ohne größeres Interesse, juristische und ökonomische Studien betrieben hatte, hört er in Göttingen, was ihm, wie er sich diesbezüglich ausdrückt, «Genuss» bereitet. Nebenbei: Als preußischer Staatsbürger hätte Humboldt die im Kurfürstentum Hannover gelegene Universität eigentlich gar nicht besuchen dürfen, denn preußischen Landeskindern ist der Aufenthalt an nichtpreußischen Universitäten verboten. Es wird Humboldt sein, dem es 1810 im Rahmen seiner bildungsreformerischen Aktivitäten mit seinem Schriftsatz *Über Aufhebung des Verbots fremde Universitäten zu besuchen* (HW IV, S. 239f.) gelingen wird, den preußischen König zur Rücknahme dieses Edikts zu bewegen.

Aber schon auf den jungen Mann übt Göttingen eine solche Anziehungskraft aus, dass ihn das besagte Verbot nicht schrecken kann. Tatsächlich bietet Göttingen die Gelegenheit, Zelebritäten des damaligen akademischen Lebens zu begegnen. Bei Georg Christoph Lichtenberg sitzt Humboldt in den physikalischen Vorlesungen, bei August Ludwig Schlözer hört er Geschichte und bei Christian Gottlob Heyne alte Sprachen.

Insbesondere die Begegnung mit Heyne prägt Humboldt nachhaltig. Zum einen pflegt Heyne eine Altertumskunde, die nichts mit trockener Philologie zu tun hat, sondern die Antike als eine große Welt heroischer Gestalten, vollendeter Kunst und als eine mit einem eigenen, inspirierenden Geist begabte Epoche ausmalt. Nur so kann diese Antike ihre so ungewöhnliche Anziehungskraft als sehnsuchtsvoll erstrebtes Utopia entfalten, wie das bei den jungen Intellektuellen des Sturm und Drang und der Berliner Aufklärungszirkel – und damit auch bei Humboldt – der Fall ist. Zum anderen lernt Humboldt über Heyne dessen Schüler, den (seit 1783) Hallenser Professor Friedrich August Wolf kennen, der ihm als Gesprächspartner über Fragen der Antike und viele Jahre später im Zusammenhang mit seiner Tätigkeit als preußischer Bildungsreformer wichtig werden wird. In die Göttinger Zeit fällt auch Humboldts erste Lektüre der Schriften Kants.

Literatur

Freese, Rudolf (Hrsg.) (1986): Wilhelm von Humboldt. Sein Leben und Wirken, dargestellt in Briefen, Tagebüchern und Dokumenten seiner Zeit. Darmstadt: Wissenschaftliche Buchgesellschaft, S. 1–69.

Versuche über den Staat

Zu den ersten Schriften des jungen Humboldt gehören Abhandlungen, in denen er seine Ideen über den Staat formuliert. Die Französische Revolution nimmt Humboldt zum Anlass, um an die Freiheitsrechte des Individuums zu erinnern, die er gleichermaßen vom Staat des Absolutismus wie von der revolutionären Volksherrschaft bedroht sieht. Deshalb zieht er in den frühen 1790er-Jahren die Grenzen staatlichen Handelns sehr eng.

Von seinem Studienort Göttingen aus unternimmt Humboldt im September 1788 seine erste größere Reise, eine Art Bildungsreise, die allerdings nichts mehr zu tun hat mit jenen Kavalierstouren alten Stils, wie sie bei jungen Adeligen üblich waren. Humboldt verbindet mit dieser Reise vielmehr die Erwartung auf Begegnungen mit interessanten Menschen und plant ein Netz von Gesprächspartnern zu knüpfen. Die räsonierende intellektuelle Öffentlichkeit entfaltet sich eben nicht nur an einigen wenigen herausgehobenen Orten, wie z. B. Berlin einer ist, sondern von Anfang an auch im größeren, sogar übernationalen Zusammenhang.

Zu den Gesprächspartnern Humboldts gehört in Mainz das Ehepaar Forster. Georg Forster ist ein in seiner Zeit berühmter Mann, der bereits in jungen Jahren an der Weltumsegelung des James Cook (1772–1775) teilgenommen hatte und nun als kurfürstlicher Bibliothekar wirkt. Verheiratet ist er mit Therese Heyne, einer Tochter des Göttinger Humboldt-Lehrers. In Pempelfort bei Düsseldorf macht Humboldt anschließend die Bekanntschaft des Freimaurers, Philosophen und Schriftstellers Friedrich Heinrich Jacobi. Mit Letzterem wird Humboldt über lange Jahre hinweg einen umfangreichen Briefwechsel pflegen. Nicht zuletzt braucht er Jacobi als religiös-mystischen Antipoden zu Kants Rationalismus, welch letzterer Humboldt zeitlebens fasziniert, aber nie völlig überzeugt hat. Forster dagegen wird schon früh sterben, sodass sich hier nur eine kurze, wenn auch intensive Beziehung anbahnt.

Zu einer weiteren Reise bricht Humboldt nach Abschluss seines Studiums ein Jahr später, im Juli 1789, auf. Begleitet von seinem ehemaligen Hauslehrer Campe geht es über Aachen, wo man sich mit Dohm trifft und staatstheoretische Gespräche führt, über Brüssel nach Paris. Während Campe sich in seinen «Briefe[n] aus Paris», die im Braunschweigischen Journal 1789/90 erscheinen, sogleich ausführlich und zustimmend zur Revolution äußert, scheinen die Pariser Eindrücke bei Humboldt zunächst keine unmittelbaren, vor allem keine vergleichbar zustimmenden Reaktionen hervorzurufen. Allerdings werden sich an den verschiedensten Stellen seines Werkes in den kommenden Jahren die Spuren einer ernsthaften Auseinandersetzung Humboldts mit der Französischen Revolution ausmachen lassen. Zuallererst, wenn auch nicht ausschließlich, ist hier an die politischen Schriften zu denken, die Gegenstand dieses Kapitels sind.

Die Rückreise führt Humboldt über verschiedene süddeutsche Stationen zunächst in die Schweiz, wo er in Zürich Johann Caspar Lavater begegnet, dem Autor einer umstrittenen Theorie der «Physiognomik», die Humboldt trotz mancher Vorbehalte nachdrücklich beeinflusst, wie man z. B. an den Berichten über seine mehrmonatigen Aufenthalte in Spanien gut ein Jahrzehnt später sehen kann. Anschließend geht es wieder in die Heimat, wo er ab Frühjahr 1790 an Berliner Gerichten eine Art juristisches Referendariat absolviert. Im Sommer des Jahres findet er, nachdem er im Rahmen des zweiten juristischen Examens seine Eignung für den diplomatischen Dienst nachgewiesen hat, im auswärtigen Departement als Legationsrat Verwendung. Mehrfach noch wird Humboldt im Laufe seines späteren Lebens im diplomatischen Dienst tätig werden.

Vorerst jedoch, und zwar nach seiner Heirat mit Caroline von Dacheröden im Sommer 1791, zudem enttäuscht vom rückwärtsgewandten Kurs des preußischen Königs, quittiert Humboldt den Staatsdienst. Während sich in Frankreich die revolutionären Ereignisse überschlagen, sich in den übrigen europäischen Ländern die Revolutionsgegner sammeln, während ein erster Feldzug der antirevolutionären Koalitionsmächte im Herbst 1792 in Frankreich in einem Fiasko endet, während sich Preußen, Russland und Österreich zum wiederholten Mal Teile des Königreichs Polen aneignen (1793), während sich Forster nach der Besetzung des Mainzer Bistums durch die Franzosen an die Spitze der dortigen Revolutionäre stellt und bald schon nach Paris geht, wo er im Januar 1794 stirbt, während alles dies also geschieht, lebt das Ehepaar Humboldt ab Sommer 1791 zurückgezogen auf den thüringischen Landgütern der Familie Dacheröden, Burgörner und Auleben, im Winter jeweils in Erfurt. Dort wird den Eheleuten 1792 ihr erstes Kind, eine Tochter, geboren.

In dieser Lebensphase zwischen der noch als Student unternommenen Reise durch Deutschland und der Übersiedelung der jungen Familie von Humboldt im Frühjahr 1794 nach Jena entstehen Humboldts erste größere Arbeiten: Schriften, in denen ihr Autor sich mit der griechischen Antike auseinandersetzt, vor allem aber solche, in denen er seine Gedanken zur Rolle des Staates entwickelt.

Über Staat und Religion

Als die früheste Schrift aus der Feder Humboldts, die sich mit dem Staat befasst, darf die wahrscheinlich 1790 während des Berliner Aufenthaltes entstandene Abhandlung *Über Religion* gelten. Ausgelöst wird die kleine Arbeit durch das Religionsedikt des Justizministers und in dieser Eigenschaft auch Leiters des Departements für die Kirchen- und Schulsachen im Justizministerium, Johann Christoph Wöllner, vom 9. Juli 1788. Wöllner, Nachfolger des unter Friedrich II. im Geiste der Aufklärung wirkenden Karl Abraham von Zedlitz, versucht unter Friedrichs Neffen und Thronerben, König Friedrich Wilhelm II. (regierte 1786 bis 1797), eine konservativ-autoritäre Linie durchzusetzen. Insbesondere Äußerungen zu religiösen Fragen sollen unter eine verschärfte Zensur fallen, womit in diesem für das aufgeklärte Publikum hochsensiblen Punkt die wenigen Freiheiten aufgehoben wären, die zuvor bestanden hatten. Galt für Friedrich II. die Devise, dass in seinem Land ein jeder nach seiner Façon selig werden dürfe, soll nun gemäß dem Wöllnerschen Edikt Lehrern und Pfarrern bei Strafe der Amtsenthebung verboten werden, in Bezug auf den rechten (protestantischen) Glauben «Irrtümer» zu lehren. Selbst der berühmte Philosoph Immanuel Kant sieht sich 1794 ermahnt, das Christentum nicht mehr herabzuwürdigen. Wöllners Motive sind klar: Er will die von ihm bezüglich der staatlichen und gesellschaftlichen Ordnung für stabilisierend gehaltene Kraft der Religion gestärkt sehen, weil er sie durch den rational-aufgeklärten Diskurs über Glaubensdinge, wie er von Friedrich II. zugelassen worden war, gefährdet findet. Nicht zuletzt ist es jedoch der Protest einer alarmierten intellektuellen Öffentlichkeit, der dafür sorgt, dass die restriktiven Eingriffe letztlich weniger konsequent angewandt werden, als von ihrem Urheber Wöllner beabsichtigt. Humboldts Einlassungen können also als Teil der sich an diesem Edikt entzündenden öffentlichen Debatte gesehen werden, auch wenn Humboldt, weil die Religionsschrift zu Lebzeiten ihres Autors unpubliziert bleibt, diese Debatte nur im Privaten geführt hat. 1788 auf seiner Reise durch Deutschland soll neben anderem das Wöllnersche Edikt in den Gesprächen Humboldts mit seinen Partnern eine wichtige Rolle gespielt haben.

Das Thema der Abhandlung Humboldts ist also durch die Intentionen des Edikts vorgegeben, ebenso die Absicht, die Humboldt mit ihr verfolgt: Anders als Wöllner und die Verfechter des preußischen Staatskirchenwesens tritt Humboldt in bester aufklärerischer Manier einer Verquickung von Staats- und Kirchendingen entschieden entgegen. Kirche und Staat sollen getrennt sein. Das ist eine Grundüberzeugung schon des frühen Liberalismus.

Insbesondere dann sei die Inanspruchnahme der Religion durch den Staat zurückzuweisen, wenn sie unter dem Vorwand erfolge, nur so dem Sittengesetz unter den Staatsbürgern Geltung verschaffen zu können. Im Gegenteil treffe zu: Wahre Sittlichkeit lässt sich nur erreichen, wenn sich der Staat aus möglichst allem, darunter auch aus den Religionsangelegenheiten, heraushält! Überhaupt sei religiöses Sentiment keineswegs eine notwendige Voraussetzung des sittlichen Betragens der Bürger. Wenn nur der Gesetzgeber die Freiheit des Menschen achtet sowie «einen Staat [schafft], in dem es dem Bürger möglich bleibt, auch Mensch zu sein, d. h. seine ganze Bestimmung als Mensch vollkommen zu erfüllen» (HW I, S. 7), also allein unter der Bedingung seiner wirklich freien, von außen nicht gehemmten Existenz, kann sich die im Menschen natürlich angelegte Disposition zum Guten entfalten. Das aber hat dann nichts mehr mit Religion zu tun. Moralität und Religion sind vielmehr «ganz und gar nicht nothwendig mit einander verbunden» (HW I, S. 23). So nachdrücklich Wöllner auf dem Zusammenhang von Religion und Moral bestanden hatte, so entschieden wird dieser von Humboldt abgelehnt.

Die sittliche Autonomie des Menschen zu betonen, ist unter den Intellektuellen der Zeit eine durchaus häufig anzutreffende Anschauung. Bei den meisten Aufklärern, denken wir z. B. an Lessing, geht eine solche Haltung allerdings mit Formen der unorthodoxen Gottgläubigkeit einher. Nicht so bei Humboldt: hier ist sie Ausdruck einer tiefgehenden Reserve aller Transzendentalreligion gegenüber. In dieser Hinsicht steht ihm Kants nüchterne Vernunftethik viel näher. Erst im Alter soll Humboldt wieder vermehrt über Glaubensfragen nachgedacht und der christlichen Tradition gegenüber positive Gefühle entwickelt haben.

Gleichwohl mag auch der junge Humboldt auf die Religion nicht ganz verzichten. Weil nämlich, so seine Überlegung, wie der Künstler in seinem nachahmenden Tun der Anschauung der Natur, der Mensch zu seiner Moralität des «Anschauen[s] der höchsten idealischen Vollkommenheit im Bilde der Gottheit» (HW I, S. 25) bedürfe, habe die Religion schließlich doch ihren, wenn auch begrenzten Wert für die Etablierung des Sittengesetzes in der Gesellschaft. Dann freilich möge der Staat, so Humboldt, nur dahin wirken, dass die einzelnen Menschen Gelegenheit haben, mit religiösen Ideen bekannt zu werden. Er solle es aber unterlassen, die Staatsbürger auf bestimmte religiöse Prinzipien zu verpflichten. «Denn wahre Tugend ist unabhängig von aller und unverträglich mit befohlener und auf Autorität geglaubter Religion» (HW I, S. 26). Letzteres aber hatte Wöllner mit seinem Edikt im Sinn gehabt.

Abgesehen davon, dass Humboldt in dieser Schrift das Bild eines modernen Staates entwirft, der die Religionsausübung sichert, ohne deren konkrete Ausgestaltung durch die Bürger bestimmen zu wollen, ist ihm die Problematisierung des Verhältnisses von Staat und Religion nicht zuletzt ein Vehikel, um in grundsätzlicher Weise die Frage nach dem Wesen des Menschen zu stellen. Indem er die Freiheitsrechte des Menschen gegenüber allen externen Ansprüchen – im vorliegenden Fall exemplifiziert an den Forderungen des Staates nach einem bestimmten Bekenntnis seiner Bürger – so sehr betont, scheint sich der junge Humboldt in Anknupfung an seine bereits Mitte der 1780er-Jahre geäußerte Überzeugung als unbedingter Anhänger der Aufklärung zu positionieren. Ein Eindruck, der bald schon eine gewisse Relativierung erfahren wird.

Verfassungsfragen

Ohne Namensnennung des Autors erscheinen die *Ideen über Staatsverfassung, durch die neue französische Constitution veranlasst. Aus einem Briefe an einen Freund vom August 1791* in der Januarausgabe 1792 der Berlinischen Monatsschrift, in einem jener zahlreichen Journale also, die die Diskurse der räsonierenden Öffentlichkeit organisieren. Wobei die Berlinische Monatsschrift, in der u. a. Kant und Mendelssohn in den 1780er-Jahren der Frage «Was ist Aufklärung?» nachgegangen waren, wohl das bedeutendste intellektuelle Organ jener Zeit ist.

Die Abhandlung stellt einen Auszug aus einem Brief dar, den Humboldt an den ihm aus Berliner Referendarstagen nahestehenden und im Titel der Schrift als «Freund» angesprochenen Publizisten Friedrich Gentz geschrieben hatte. Gentz hatte anfänglich, wie nahezu das gesamte gebildete Publikum der Zeit, mit der Französischen Revolution sympathisiert, sich aber bald schon kritisch mit ihr auseinandergesetzt. Mittlerweile zum erklärten Revolutionsgegner mutiert wird Gentz 1793 die deutsche Übersetzung von Edmund Burkes «Reflections on the Revolution in France» (1790) vorlegen. Die in Briefform abgefassten «Reflections» waren die meist rezipierte unter den frühen antirevolutionären Streitschriften und riefen gerade in Deutschland ein enormes Echo hervor.

Antirevolutionär sind auch die Überlegungen Humboldts, selbst wenn er – entsprechende Passagen in der Schrift belegen es – die geschichtliche Folgerichtigkeit, ja die Notwendigkeit der Revolution keineswegs leugnen mag. Zudem hat er sich in der «Ideen»-Schrift (s. nächster Abschnitt) ausführlich auf den Grafen Gabriel de Mirabeau bezogen, der ein herausragender Protagonist der Revolution, freilich in deren frühen bürgerlichen Anfängen gewesen ist. Zu weiteren bürgerlichen Revolutionären der ersten Stunde wird Humboldt während seines späteren Parisaufenthaltes enge persönliche Kontakte pflegen. Aber hatte man die Religionsschrift noch als ein Plädoyer für die Behandlung umstrittener Fragen ausschließlich im Sinne der Vernunft und damit als Aufklärungsschrift lesen können, dann versucht Humboldt jetzt, die Vernunftherrschaft in die Schranken zu weisen.

Anlass für die Überlegungen Humboldts ist die Verfassung, die sich das revolutionäre Frankreich nach längeren Vorarbeiten im Sommer 1791 zu geben im Begriff steht und die aus dem Land eine konstitutionelle, dem König enge Zügel anlegende Monarchie werden lässt. Diese Verfassung sichert die Grundrechte – eine wesentliche Errungenschaft der Revolution von 1789 –, sie beruht auf dem Prinzip der Volkssouveränität und sieht die nach dem Zensusprinzip erfolgende Wahl einer Volksvertretung vor, die neben der Gesetzgebungskompetenz das Recht besitzt, die Exekutive, konkret: eine aus sechs Ministern bestehende Regierung und deren Arbeit zu kontrollieren. Damit verfügt Frankreich über eine moderne, ihrer Zeit weit vorauseilende Verfassung, nach dem Urteil Humboldts allerdings auch über «eine, nach bloßen Grundsäzen der Vernunft, systematisch entworfene Staatsverfassung» (HW I, S. 36). Und das ist in den Augen ihrer Kritiker das Problem: Hat eine solche Verfassung Zustimmung verdient? Ja, mehr noch, kann eine rein philosophischen Prinzipien verpflichtete – eine «nach einem angelegten Plane» ausgearbeitete Verfassung, wie Humboldt schreibt (HW I, S. 34) –, kann eine solche Verfassung, auch wenn sie noch so vernünftig erscheint, überhaupt Bestand haben?

Eine mögliche Antwort auf diese Frage hatte Burke gegeben, indem er politischen Verhältnissen nur dann Legitimität und Dauerhaftigkeit zubilligte, wenn sie im Einklang mit dem geschichtlich Gewordenen standen. Versuche, eine Gesellschaft kraft theoretischer Prinzipien rational zu gestalten, waren dagegen von Burke verworfen worden; sie müssten in Chaos und Gewalt enden (als hätte Burke das Umschlagen der Französischen Revolution in Terror und Gewalt vorhergesehen!). Der Verlauf der Geschichte sei nämlich nicht ein zufälliger und deshalb beliebig manipulierbar, vielmehr zeige sich in ihm die göttliche Vorsehung, über die der Mensch sich niemals erheben dürfe. In diesem Sinne vorbildhaft fand Burke die über Jahrhunderte gewachsenen Verfassungseinrichtungen seiner Heimat England, wo er, ursprünglich ein Liberaler, der inzwischen der konservativen Partei nahestand, jahrzehntelang Mitglied des Unterhauses gewesen war. Dabei hat Burke den Wandel durchaus nicht abgelehnt. Unvermeidbare Reformen hätten aber nie abrupt, sondern nur behutsam und Schritt für Schritt, eben in vorsichtiger Weiterentwicklung des Gewordenen, vonstatten zu gehen.

Wenn es Burke und – mit Blick auf Deutschland – seinem Übersetzer Gentz darum gegangen war, mit den «Reflections» die öffentliche Meinung gegen die Revolution zu mobilisieren, dann war ihnen dies gelungen. Insbesondere in Deutschland formiert sich eine breite Front aus Kritikern der Revolution, die sich ausdrücklich gegen deren angeblich abstrakte Prinzipien wendet. Humboldt macht sich diese Kritik zu eigen und schlägt sich damit, auch wenn er Burke zu diesem Zeitpunkt noch nicht gelesen hat, auf dessen Seite (und nicht etwa auf die seines Gesprächspartners von 1788, Georg Forster).

Mit Burke teilt Humboldt das anthropologische Argument. Schließlich hatte Burke die Französische Revolution als eine Revolte wider die Natur des Menschen, der ein geschichtliches Wesen sei und sich als solches empfinde, bezeichnet. Ganz in diesem Sinne ist auch Humboldt überzeugt, nur was sich organisch aus dem Alten ergebe, werde von den Menschen angenommen und könne Bestand haben. Und das gelte eben auch für Verfassungen, die das Zusammenleben der Menschen untereinander regelten. «Die Vernunft hat wohl Fähigkeit, vorhandenen Stoff zu bilden, aber nicht Kraft, neuen zu erzeugen. Diese Kraft ruht allein im Wesen der Dinge, diese wirken, die wahrhaft weise Vernunft reizt sie nur zur Thätigkeit, und sucht sie zu lenken. Hierbei bleibt sie bescheiden stehen. Staatsverfassungen lassen sich nicht auf Menschen, wie Schösslinge auf Bäume pfropfen. Wo Zeit und Natur nicht vorgearbeitet haben, da ists als bindet man Blüthen mit Fäden an. Die erste Mittagssonne versengt sie» (HW I, S. 36).

Dass Humboldt mit der Verfassungsschrift dennoch keinen Schwenk ins Lager der kompromisslosen Revolutionsgegner vollzogen hat, zeigen nicht nur die angesprochenen positiven Bezugnahmen auf die Revolution. Was er vielmehr will, das ist eine gleichermaßen von der Vernunft gelenkte wie von der geschichtlichen Lage ausgehende Ordnung des menschlichen Zusammenlebens. Dies zu vermitteln, ist das Anliegen seiner Schrift.

Reflexionen über die Grenzen der Wirksamkeit des Staates

Die *Ideen zu einem Versuch, die Gränzen der Wirksamkeit des Staates zu bestimmen* schreibt Humboldt im Sommer 1792 auf Burgörner nieder. Zum Teil gehen Vorstudien, z. B. die Religionsschrift von 1790 sowie erneut auch Briefe an Gentz, in diesen Text ein. Einzelne Kapitel aus den «Ideen» werden in Friedrich Schillers Neuer Thalia und in der Berlinischen Monatsschrift publiziert. Den Text als Ganzen der Öffentlichkeit zugänglich zu machen, verhindert, so jedenfalls Humboldt, die Zensur. Andere Quellen berichten von unrealistischen Honorarforderungen des Autors.

Die Frage nach den Grenzen des Staatseinflusses hat Humboldt, wie nicht nur die Religionsschrift zeigt, schon länger beschäftigt. Bereits in Jugendtagen ist zwischen ihm und seinem Lehrer Ernst Ferdinand Klein über diese Problematik diskutiert worden, wobei Klein, anders als nunmehr Humboldt, für sehr weitgehende Zuständigkeiten des Staates plädiert hat. Der zweite Lehrer aus Jugendtagen, Christian Wilhelm Dohm, mit dem Humboldt zuletzt 1789 über das Thema gesprochen hatte, war bei dieser Gelegenheit hingegen der Meinung gewesen, der Staat sei keine Einrichtung, die sich fürsorglich – und das hieß für Dohm immer auch bevormundend – um seine Bürger zu kümmern habe. Über die Legitimität staatlichen Handelns zu debattieren lag auch insofern «in der Luft», als in den frühen 1790er-Jahren die bereits unter der Regentschaft Friedrichs II. begonnenen Arbeiten am sogenannten Allgemeinen Landrecht für die Preußischen Staaten (ALR) vor dem Abschluss standen. Das ALR war ein großes Gesetzeswerk, in dem u. a. auch die Zuständigkeiten der staatlichen Organe und deren Verhältnis zur bürgerlichen Gesellschaft erstmals umfassend geregelt worden sind. Zu den am ALR mitarbeitenden Juristen hat auch Klein gehört. 1794 ist das ALR in Kraft getreten.

In den «Ideen» bekräftigt Humboldt jene schon in der Religionsschrift umrisshaft erkennbar gewordene Ansicht, wonach sich der Staat im Verhältnis zu seinen Bürgern größte Zurückhaltung aufzuerlegen

habe. Er folgt insofern also der Linie Dohms, nicht der, die Klein emp-
fohlen hatte. Alleiniger Staatszweck sei es, unterstreicht Humboldt nämlich: «Sicherheit zu gewähren, sowohl gegen auswärtige Feinde» – da
(und nur in diesem Falle) hält Humboldt auch einen Krieg für legitim –
«wie gegen innere Zwistigkeiten» – um nämlich Selbstjustiz und einen
fortdauernden Kampf aller gegen alle zu vermeiden (weshalb er für ein
funktionierendes Rechts- und Justizwesen als Staatsaufgabe eintritt).
«Eine Sicherheitsanstalt» nennt Humboldt den Staat in pointierender
Weise. Alles was über diesen eng begrenzten Aufgabenkatalog hinaus-
geht, hat den Staat nicht zu interessieren. Dass er sich insbesondere aus
allen Glaubensangelegenheiten heraushalten soll, ist schon bekannt.
Aber auch in das ökonomische Handeln der Staatsbürger darf er sich
nicht einmischen und auch keine Erziehungseinrichtungen unterhalten.
Nur dann werde der Mensch – auch dies ein bereits von früher her be-
kannter Topos – über die Freiheit verfügen, «die höchste und propor-
tionierlichste Bildung seiner Kräfte zu einem Ganzen» (HW I, S. 64) betreiben zu können. Immer wieder wird in den «Ideen» der Mensch be-
schworen, der das Recht habe, «nur aus sich selbst und um seiner selbst
Willen» zu leben, in der Realität aber entweder unter den Allmachtsan-
sprüchen des absolutistischen Staates oder der Maßlosigkeit des Volks-
staates der Revolution zu leiden habe.

Der Vorwurf, Humboldt habe das Modell eines «Nachtwächtersta-
tes» entworfen, wie er später von dem sozialdemokratischen Politiker
Ferdinand Lassalle erhoben werden wird, scheint naheliegend. Allerdings wird dabei übersehen, dass Humboldt kein Anhänger des Man-
chesterliberalismus ist und Maßnahmen, die über die reine Gewähr-
leistung von Sicherheit hinausgehen, die, wie er sich ausdrückt, dem
«positiven Wohlstand» der Bürger dienen, keineswegs ablehnt. Es sollen
aber die Bürger selbst sein, die sich um das Gemeinwohl kümmern. Es
ist ja gerade Humboldts Befürchtung, erst durch die «sorgende Hilfe des
Staates» werde die Bereitschaft zur «gegenseitige[n] Hülfeleistung» gemindert. Wenn man nach zeitgenössischen Beispielen sucht: In der Ge-
nossenschaftsbewegung des 19. Jahrhunderts oder in der vereinsmäßig
betriebenen Privatwohltätigkeit ist diese Utopie konkret geworden. Wir
würden heute vom zivilgesellschaftlichen Engagement mündiger Bürger sprechen, um das von Humboldt Gemeinte in unsere Gegenwart zu
übersetzen.

Humboldts frühes politisches Denken: ein Fazit

Zum Verständnis der Position Humboldts muss man sich die Zeitlage vor Augen führen.

Um es noch einmal auf den Punkt zu bringen: Bürgerliche Intellektuelle beginnen sich zunehmend diskursiv in die Politik einzumischen. Als Katalysator dieser Debatten wirkt die Französische Revolution. An ihr scheiden sich die Geister. Die einen sehen in der Revolution die Inkarnation der Vernunft und die Verwirklichung der Ideale der Aufklärung: Freiheit, Gleichheit, Brüderlichkeit. Die andern fühlen sich zur Verteidigung der alten Ordnung, von der Revolution in ihrem Bestand akut bedroht, berufen.

Humboldt lässt sich keinem dieser Lager zuordnen. Vor allem kritisiert er, worin Revolutionsanhänger und Revolutionsgegner durchaus übereinstimmen, denn beide halten viel von einem starken Staat, dem sich der Einzelne und die Gesellschaft als Ganze unterzuordnen hätten. Die Anhänger der Revolution begreifen den Staat als Ausdruck der Volksherrschaft und aus einer vertraglichen Vereinbarung der Individuen hervorgegangen, in der diese ihren Einzelwillen zu einem ideellen Gesamtwillen (volonté générale) verbinden. Der führende Kopf der französischen Aufklärung, Jean-Jacques Rousseau, hatte dieses Modell bereits 1762 und damit lange vor dem Schicksalsjahr 1789 in seinem «Contrat Social» entworfen. Die Revolutionskritiker dagegen, wie beispielsweise Edmund Burke, versehen den Staat, um die Verteidigung der alten vorrevolutionären Ordnung legitimieren zu können, mit einer quasireligiösen Aura, indem sie ihn zur Manifestation einer metaphysischen Idee stilisieren, an die der Mensch seine Hand nicht legen dürfe.

Nachdem die Jakobiner ihre blutige Herrschaft angetreten haben, findet die Vertragstheorie in Deutschland nur noch unter den Vertretern eines dezidiert linken Liberalismus ihre Anhänger. Aus den Revolutionsgegnern formiert sich dagegen der frühe Konservatismus, zunächst in Gestalt von Denkern wie Burke und der politischen Romantik (z. B. Novalis, A. Müller). Andere wiederum suchen nach vermittelnden Positionen. Aus allen diesen Bewegungen und politischen Strömungen wird sich schließlich das frühe Parteiwesen der Vormärzzeit entwickeln.

Humboldt, wie gesagt, tritt ganz als Verteidiger der Rechte des Einzelnen in Erscheinung, die er gleichermaßen von der Idee des Staates als Volksherrschaft wie von der metaphysischen Staatsvorstellung bedroht sieht. Gegen beide Anschauungen konstruiert er Staat und Gesellschaft als Gegensatz und die bürgerliche Gesellschaft als eine Sphäre, in der der

Mensch so weit wie möglich frei sein soll von äußeren Eingriffen und Beschränkungen. Hier soll das Interesse des Einzelnen an der ungehinderten Entwicklung und Entfaltung seiner selbst, der «Bildung» seiner Kräfte, ausschlaggebend sein, woraus sich dann, das ist die Hoffnung, auch eine Verbesserung der politischen Verhältnisse ergebe und eine Revolution überflüssig werde.

In der politischen Theorie seiner Zeit gilt Humboldt als singuläre Erscheinung. Kein anderer Autor in Deutschland fokussiert seine Gedanken so sehr auf die Freiheitsrechte des Einzelnen, wie Humboldt dies tut. Allein im Ausland, zu denken ist u. a. an den schottischen Nationalökonomen Adam Smith, dessen Werk bemerkenswerte Parallelen zum Denken Humboldts aufweist, finden sich Anknüpfungspunkte.

Dabei muss immer bedacht sein, dass Humboldt weder einen Leitfaden des politischen Handelns noch eine Staatstheorie auszuarbeiten beabsichtigt hat. Einen derartigen Anspruch können seine Arbeiten, weil sie diesbezüglich zu skizzenhaft geblieben sind, nicht erfüllen. Humboldts Lebensthema ist der Mensch und seine Bildung. Insofern sind seine hier skizzierten Ausführungen, auch wenn sie den Staat zum Gegenstand haben, eher als anthropologische und geschichtsphilosophische, denn als im engeren Sinne staatstheoretische Beiträge zu lesen.

Literatur

Spitta, Dietrich (2004): Die Staatsidee Wilhelm von Humboldts. Berlin: Duncker & Humblot, S. 9–228.

Die Griechen werden immer einzig bleiben

*Die Jahre zwischen der Übersiedelung nach Jena 1794 und der Rück-
kehr aus Rom nach Berlin 1808 lassen sich als eine Phase der intensiven Beschäftigung Humboldts mit der Antike – insbesondere mit
der griechischen Antike – beschreiben. Im angeregten Gespräch mit
Schiller und Goethe dringt Humboldt tief in die ästhetischen Diskussionen der Zeit ein, denn vor allem in der Kunstphilosophie gelten
die Griechen als das Maß aller Dinge.*

Seine Frau Caroline bittet Humboldt, Griechisch zu lernen, damit die
Eheleute gemeinsam den Homer lesen können. An kaum einem Tag seines Erwachsenenlebens soll Humboldt es versäumt haben, wenigstens
ein paar ruhige Momente mit der Lektüre eines klassischen Schriftstellers zu verbringen. Mitunter zieht er sich aber auch wochen- und mo-
natelang zurück, um die Auseinandersetzung mit der Antike zu suchen.
Gut 25 Jahre arbeitet er an einer Übersetzung des «Agamemnon» von
Aischylos. Trotz dieses dauerhaft anhaltenden Interesses entsteht besonders in den Jahren vor und nach der Jahrhundertwende eine Reihe maß-
geblicher Schriften, die Humboldts Auseinandersetzung mit der Antike
widerspiegeln.

Über das Studium des Altertums

Die erste dieser Schriften, *Über das Studium des Alterthums, und des griechischen insbesondere*, schreibt Humboldt noch in seiner Rückzugspha-
se im Januar 1793 innerhalb weniger Tage und auf Anregung Friedrich
August Wolfs nieder. Während im Freundeskreis schnell Abschriften
des Manuskripts zirkulieren, wird eine breitere Öffentlichkeit erst 1807
bruchstückhaft Kenntnis von den Gedanken Humboldts erhalten, ohne
freilich um dessen Urheberschaft zu wissen. Wolf hat Auszüge in eine
unter seinem eigenen Namen publizierte Darstellung zur Altertumswissenschaft eingestreut.

Zunächst bestimmt Humboldt in besagter Schrift das Volk und die Epoche genauer, die ihn in der Antike am meisten faszinieren: Es sind, wie schon im Titel erkennbar wird, «die Griechen, und unter diesen oft ausschließend die Athener» (HW II, S. 9). Hier wiederum zieht das klassische Zeitalter die besondere Aufmerksamkeit Humboldts auf sich, das vierte und dritte vorchristliche Jahrhundert, die Zeit der attischen Demokratie, denn nicht zuletzt «die Regierungsverfassung» (HW II, S. 16) jener Zeit habe es den Griechen erlaubt, sich in idealer Weise zu bilden. Dabei übersieht Humboldt keineswegs, dass es mindestens so sehr die Sklaverei war, der sich die Idealität der griechischen Verhältnisse verdankte, denn «diese überhob den Freien eines großen Theils der Arbeiten, deren Gelingen einseitige Uebung des Körpers und des Geistes – mechanische Fertigkeiten – erfordert. Er hatte nun Musse, seine Zeit zur Ausbildung seines Körpers durch Gymnastik, seines Geistes durch Künste und Wissenschaften, seines Charakters überhaupt durch thätigen Anteil an der Staatsverfassung, Umgang und eignes Nachdenken zu bilden» (HW II, S. 15).

Mustergültig findet Humboldt, wie es die Griechen verstanden hätten, die «Vorstellung menschlicher Vollkommenheit, Vielseitigkeit und Einheit hervorzubringen» (HW II, S. 14). Wenn es je ein Volk gegeben habe, das zur Vollkommenheit im Sinne «der höchsten, proportionierlichsten Ausbildung des Menschen» (HW II, S. 7) gefunden habe, dann seien es die Griechen gewesen. Dies könnten die Nachgeborenen schon daran erkennen, dass niemals später das Ebenmaß der griechischen Kunst auch nur annähernd erreicht worden sei, weil nur vollkomme Menschen in der Lage seien, «den Menschen in der möglichsten Vielseitigkeit und Einheit» (HW II, S. 14) auch künstlerisch vollendet zur Darstellung zu bringen. Dieses Ideal der Schönheit hätten die Griechen – und bislang nur sie – am reinsten verwirklicht.

Die besondere Leistung der Griechen aber habe darin bestanden, sich unter den Bedingungen einer hoch entwickelten Kultur «dennoch eine Einfachheit des Sinns und Geschmacks, den man sonst nur in der Jugend der Nationen antrift» (HW II, S. 13), bewahrt zu haben. Die Griechen: in ihrer Kultiviertheit ein Naturvolk, mehr noch: die Inkarnation des «ursprüngliche[n] Charakter[s] der Menschheit» (HW II, S. 19) – die Rousseau-Lektüre, die Humboldt als Kenner der Aufklärungsphilosophie ausgiebig betrieben hat, lässt sich nicht verbergen! Jedenfalls kann der solcherart Enthusiasmierte nur konstatieren: «Meines Erachtens werden also die Griechen immer … einzig bleiben» (HW II, S. 21).

Woher und warum diese Griechenbegeisterung? Drei Aspekte mögen an dieser Stelle genannt sein:

Zum einen steht Humboldt mit seiner Griechenverehrung nicht allein. In seiner Zeit werden insbesondere die kunstphilosophischen Diskurse unter ständiger Bezugnahme auf die Antike geführt und die Griechen als Idealmenschen gefeiert. Das beginnt schon in der Frühaufklärung und setzt sich dann fort mit Johann Joachim Winckelmann und Gotthold Ephraim Lessing. Auch Johann Gottfried Herder, Goethe und Schiller kennen nichts anderes als die Griechen. Um 1800 ist die Hinwendung zur griechisch-römischen Antike Teil der gegen den Adel gerichteten bildungsbürgerlichen Kultur. Nicht ohne Grund liegen die Anfänge der Altertumswissenschaft, wie sie uns in Heyne und Wolf begegnen, in dieser Zeit. Humboldt mag sich auf besonders eingehende und kompetente Weise mit der Antike beschäftigt haben, «entdeckt» hat er sie nicht.

Zum andern enthält diese sehnsuchtsvolle Hinwendung zu den Griechen und ihrer Kultur, worunter Humboldt übrigens vorzugsweise die Hervorbringungen der Dichter und Philosophen versteht, ein weltflüchtiges Motiv. Der Rückzug in das «Traumreich Antike» bietet die Möglichkeit, sich der abgelehnten Gegenwart zu entziehen, um in einer weit zurückliegenden Vergangenheit einen Quell der Inspiration und geistigen Regeneration sowie einen Maßstab zur Urteilsbildung zu finden. In der Antike sucht Humboldt die Größe, die er in seiner eigenen Zeit vermisst. Schon in den staatstheoretischen Schriften (s. Kap. 2) findet sich immer wieder der Verweis auf die demokratische Verfassung Athens als dem positiven Gegenbild zum Absolutismus des 18. Jahrhunderts.

Der dritte der hier zu nennenden Gesichtspunkte hängt eng mit dem eben genannten zusammen. Denn ebenso wie die Griechen der Maßstab sind, an dem die eigene Zeit gemessen wird, sind sie es auch, die den Ausweg aus der Misere weisen. Zwar müsse das Studium der Griechen, findet Humboldt, «in jeder Lage und jedem Zeitalter allgemein heilsam auf die menschliche Bildung wirken» (HW II, S. 19). Vor allem aber gelte dies in einer Zeit, die sich, wie Humboldt bezüglich seiner eigenen Gegenwart diagnostiziert, von den ursprünglich so einfachen und doch vollkommenen Verhältnissen entfernt habe. Schon Winckelmann hatte gefunden: «Der einzige Weg für uns, groß, ja wenn es möglich ist, unnachahmlich zu werden, ist die Nachahmung der Alten.» Humboldt sieht das genauso.

Wie aber kann ein produktives Verhältnis zu den Griechen gewonnen werden, ein Verhältnis, das nicht nur deren «edle Einfalt und stille Größe» (Winckelmann) anbetet, sondern den Impuls der Antike im Blick auf die eigene Problemlage produktiv werden lässt? Eine Lösung, das ist

Humboldt bald klar, wird er nur im Gespräch mit anderen, die an denselben Fragen arbeiten, finden.

Mit Schiller in Jena

Der Wunsch, sich mit Kennern der Materie austauschen zu können,
führt im Februar 1794 zur Übersiedelung Humboldts nach Jena, wo zu
dieser Zeit Friedrich Schiller lebt, der seit 1788 dort eine Professur für
Geschichte innehat. Auch sind die Ehefrauen der beiden, Caroline von
Humboldt und Lotte Schiller, eng miteinander befreundet. Ein weiterer
Grund für den Ortswechsel.

Zusammen mit dem benachbarten Weimar, wo Herder als General-
superintendent und Leiter des Gymnasiums sowie Goethe als sachsen-
weimarischer Minister amtieren, Letzterer aber oft, um ungestört an
seinen literarischen Projekten arbeiten zu können, nach Jena herüber-
kommt, ist die kleine Universitätsstadt im Begriff, zu einem Zentrum des
geistigen Lebens in Deutschland zu werden. Johann Gottlieb Fichte ist
gerade an die Universität berufen worden, Friedrich Hölderlin hält sich
in der Stadt auf, August Wilhelm und Friedrich Schlegel werden erwartet.

Angeregt durch die Lektüre einer der maßgeblichen kunstphilosophischen Abhandlungen der Spätaufklärung, Kants «Kritik der Urteils-
kraft», hatte Schiller noch in deren Erscheinungsjahr, 1790, begonnen,
intensiv an Problemen der Ästhetik zu arbeiten. So hat er sich im Januar
und Februar 1793 in einem Briefwechsel (den sogenannten «Kallias»-
Briefen) mit dem Dresdener Freund Christian Gottfried Körner, mit
dem auch Humboldt später enge Kontakte pflegen wird, bemüht, einen,
nicht wie Kant postuliert hatte, im Subjekt und dessen Empfinden zu
verortenden, also subjektiven, sondern einen im Gegenstand liegenden,
also objektiven Begriff des Schönen zu entwickeln. Über das objektiv
Schöne hat zur selben Zeit auch Humboldt nachgedacht, nur dass dieser
dabei sehr konkret auf die alten Griechen als menschlichen Exempeln
des Schönen gestoßen war, während Schiller sein Begriffsverständnis zunächst noch rein abstrakt, «aus der Natur der Vernunft», wie er schrieb,
zu deduzieren versuchte (womit er übrigens nach übereinstimmender
Meinung aller Kommentatoren gescheitert ist). Wie allgemein in der
kunstphilosophischen Debatte war auch bei Schiller von «Form» die
Rede, und dass «Schönheit» nicht nur die «Freiheit in der Erscheinung»
(so eine bis heute viel zitierte Wendung aus diesen Briefen an Körner),
sondern auch «Form» der «Vollkommenheit» sei.

Die Griechen geraten Schiller dann in den beiden im Sommer desselben Jahres 1793 niedergeschriebenen Abhandlungen «Über die ästhetische Erziehung des Menschen» und «Über Anmut und Würde» in den Blick – erstere Abhandlung wiederum in Gestalt von Briefen, diesmal an einen Mäzen gerichtet, den dänischen Prinzen von Schleswig-Holstein-Augustenburg. Wie schon Humboldt sieht auch Schiller bei den Griechen die in der Entwicklungsgeschichte der Menschheit ursprüngliche Ausgewogenheit aller menschlichen Fähigkeiten und Anlagen, vor allem die Einheit von Sinnlichkeit und Vernunft, auf ideale Weise verwirklicht. «Zugleich voll Form und voll Fülle, zugleich philosophierend und bildend, zugleich zart und energisch sehen wir sie die Jugend der Phantasie mit der Männlichkeit der Vernunft in einer herrlichen Menschheit vereinigen», schreibt Schiller an den dänischen Erbprinzen. «Bei diesen», befindet er in der späteren Abhandlung «Über naive und sentimentalische Dichtung» bezüglich der Griechen, «artete die Kultur nicht so weit aus, dass die Natur darüber verlassen wurde.»

Das aber ist Vergangenheit, unwiderruflich dahin. Eine Entwicklung, die Schiller mit Wehmut konstatiert, ohne damit das eigene Zeitalter gegenüber der Antike abwerten zu wollen. Jede Epoche hat ihr eigenes Recht, und Geschichte ist ein Prozess, der Ambivalenzen gebiert. So hat die Moderne, indem sie die Verstandesleistungen fordert, die Menschheit auf ein Niveau gehoben, das in dieser Hinsicht die griechische Antike hinter sich lässt. Aber, ergänzt Schiller, diese Entwicklung hat die Menschen auch vereinseitigt, nämlich ihrer sinnlichen Fähigkeiten beraubt, sich selbst entfremdet. Die Folgen könne man in einer entgleisten Revolution, wie sie in Frankreich Realität geworden sei, besichtigen. Es ist dieses Fanal einer im Terror versinkenden Revolution, was es so dringlich macht, die Einseitigkeit der Moderne zu überwinden. Das klingt ganz ähnlich wie die Revolutionskritik, die Humboldt in seinen frühen staatstheoretischen Schriften geübt hat, und wie dieser sucht auch Schiller nach Möglichkeiten, die Verhältnisse ohne revolutionären Umsturz zu bessern.

Dazu muss es gelingen, die verlorene Totalität des Menschen wiederherzustellen, was aber nicht durch eine schlichte Rückkehr zu «den Alten» erfolgen kann. Hier kommt nun die Kunst ins Spiel. Im Durchgang durch die ästhetische Erfahrung soll die Spaltung und Vereinseitigung des Menschen aufgehoben werden. Indem sie den Menschen, wenn auch zunächst nur im «schönen Schein», mit seinen besseren Möglichkeiten konfrontiert, verführt sie ihn gleichsam, diese auch zu wollen. Der Mensch bekommt die Symbiose von Sinnlichkeit und Vernunft in der

Kunst und folglich als prinzipiell möglich vorgestellt. In «Über naive und sentimentalische Dichtung», deren Entstehung Humboldt 1795/96 in zahlreichen Briefen und mündlichen Kommentaren begleitet, arbeitet Schiller am Beispiel des Künstlers die Mühen dieses Prozesses noch einmal prägnant heraus: Während der «Naive», den er als Typus bei den alten Griechen verwirklicht sieht, die Einheit von Empfinden und Denken, von Phantasie und Verstand natürlicherweise lebt, muss der «Sentimentale», der Prototyp des modernen Künstlers, sich diese Einheit erst in der Idee vor Augen führen und willentlich herstellen.

Das Verhältnis der beiden, Humboldt und Schiller, muss man sich in den Jenaer Jahren als ein sehr enges vorstellen. Täglich sehen sie einander und während einer 16-monatigen Abwesenheit Humboldts ab Sommer 1795 – die Mutter in Berlin ist schwer erkrankt – schreiben sie sich lange Briefe. Niemand hat sich in diesen Jahren auf Schillers kunsttheoretische Überlegungen engagierter eingelassen als Humboldt.

Auch mit Goethe, der ab 1794 an «Wilhelm Meisters Lehrjahren» und 1796/97 an «Hermann und Dorothea» arbeitet, pflegt Humboldt den Austausch. Gemeinsam hören sie Fichte und anthropologische Vorlesungen. Immer wieder bittet Goethe Humboldt um Rat und praktische Hinweise, denn anders als Goethe, der damit seine Mühe hat, beherrscht Humboldt die griechische Sprache perfekt und ist ein exzellenter Kenner der griechischen Philosophie und Literatur.

Selbst kommt Humboldt nur wenig zum Schreiben. Immerhin kann er an seiner Agamemnon-Übertragung weiterarbeiten. Außerdem legt er einen Aufsatz über Pindar sowie einige Rezensionen vor und versucht sich an einer umfassenden Charakteristik des 18. Jahrhunderts. Auch fasst er den Plan zu einer vergleichenden Anthropologie, die allerdings nie über das Fragmentarische hinaus gedeihen wird. Dagegen gelingt es ihm, zwei als Vorarbeiten zu diesem größeren Unternehmen gedachte anthropologische Studien abzuschließen, *Über den Geschlechtsunterschied und dessen Einfluss auf die organische Natur* (HW I, S. 268ff.) sowie *Über die männliche und weibliche Form* (HW I, S. 296ff.). Beide Aufsätze, in denen Humboldt in Fortsetzung entsprechender Gedanken aus der «Ideen»-Schrift von 1792 die für ihn grundlegendste anthropologische Beziehung untersucht, die der Geschlechter zueinander, die er als natürliche, nach wechselseitiger Ergänzung strebende Polarität beschreibt, erscheinen 1795 ohne Verfasserangabe in der von Schiller unter Mitwirkung Humboldts herausgegebenen Zeitschrift «Die Horen». Die Doppelnatur des Menschen, die Humboldt mit Schiller unter dem Stichwort Geist – Natur diskutiert, sie taucht hier in Gestalt des Geschlechterdualismus erneut auf. Vom gebildeten Publikum überwiegend mit Zustimmung aufgenommen, werden die beiden Arbeiten zu Humboldts Bedauern ausgerechnet von Kant, an dessen Meinung ihm liegt, abgelehnt: zu schwärmerisch lautet dessen Urteil. Die eigentliche Frucht des Austauschs mit Schiller und Goethe wird, wenn auch nur wenig später, so doch nicht mehr im Schatten der beiden Geistesheroen und nicht mehr in der Saalestadt reifen.

Ende April 1797 verlässt Humboldt Jena. Ein Grund für das Ende des Aufenthaltes dürfte sein, dass sich Schiller inzwischen wieder seiner literarischen Arbeit zugewandt hat. Die Phase des Philosophierens und Nachdenkens über kunsttheoretische Probleme ist durchlebt, die Arbeit am «Wallenstein» beansprucht jetzt alle Kraft. Schiller tritt «in die glänzende dichterische Periode seiner letzten Jahre [ein]» (HW II, S. 389), wie Humboldt 1830 in dem kleinen Text *Über Schiller und den Gang seiner Geistesentwicklung*, den er seinem Briefwechsel mit Schiller voranstellt, schreiben wird. Im Übrigen spielt auch die Persönlichkeit Humboldts eine Rolle. Ein unruhiger Geist, den es selten lange an einem Ort hält. Zudem gilt es, in Berlin nach dem Tod der Mutter Erbschaftsangelegenheiten zu regeln. Wie auch immer: Zunächst reist die Familie Humboldt nach Berlin, dann nach Wien, von wo aus man eigentlich nach Italien weiterziehen will, was sich jedoch aufgrund der napoleonischen Kriege dort als undurchführbar erweist. Kurz entschlossen wendet man sich nach Frankreich, wo die Humboldts am 18. November 1797 in Paris ihren Wohnsitz nehmen.

Hermann und Dorothea

Gleich nach seiner Ankunft in Paris beginnt Humboldt mit der Arbeit an einer großen literaturtheoretischen Abhandlung, in der er die Ergebnisse seines Austausches mit Schiller und Goethe resümiert. Die zwischen November 1797 und April 1798 niedergeschriebene Untersuchung *Über Goethes Hermann und Dorothea*, umfangreicher als die Goethesche Dichtung selbst, auf die sie sich bezieht, ist mehr als nur eine Rezension. Vielmehr will Humboldt darin eine eigene dichtungstheoretische Position gewinnen und sie am Exempel Goethes und in Auseinandersetzung mit Schiller deutlich herausprofilieren.

Vereinfacht gesprochen, lässt sich die Abhandlung in drei große Abschnitte gliedern, wobei auf jene Passagen, in denen Humboldt die Künste – Bildhauerei, Malerei und Dichtung – sowie die verschiedenen

Gattungen der Dichtung gegeneinander abzugrenzen versucht, an dieser Stelle nicht eingegangen werden kann. Hier übernimmt Humboldt wesentliche Gedanken aus anderen einschlägigen Schriften der Zeit, nachweislich z. B. aus der berühmten Laokoon-Schrift Lessings von 1766. Uns interessieren auch nicht die i. e. s. literaturtheoretischen Positionen Humboldts, so anregend sie sind, sondern seine darin zum Vorschein kommenden Anschauungen über die Antike. In dieser Hinsicht sind die Diskussionen mit Schiller nämlich nicht ohne Wirkung auf den Autor geblieben.

Schon die Art, wie Humboldt jetzt die Frage nach der Aufgabe der Kunst und des Künstlers angeht, zeigt den Einfluss Schillers. Aus den Gesprächen mit diesem hat Humboldt die Einsicht in die zerrüttete Identität des modernen Menschen mitgenommen sowie die Bestimmung des Künstlers, «in unsrer Seele jede Erinnerung an die Wirklichkeit [zu] vertilgen und nur die Phantasie allein rege und lebendig [zu] erhalten» (HW II, S. 137), weil nur so die Aussicht besteht, vorgestellt zu bekommen, was verloren gegangen ist: die Totalität der menschlichen Existenz. Die durch Kunst erzeugte andere Wirklichkeit oder «höhere Stufe der Objectivität» (HW II, S. 161) nennt Humboldt nunmehr – wie Schiller – «idealisch» und meint damit «alles», was das Wirken des Künstlers «in das reine Gebiet der Einbildungskraft hinüberführt» (HW II, S. 139). Es überrascht nicht, an dieser Stelle wiederum die alten Griechen ins Spiel gebracht zu sehen, die in ihren Lebensäußerungen in einer Weise intuitiv idealisch gewesen waren, wie es die Modernen eben nur per künstlerischer Einbildungskraft zu sein vermögen.

Neu ist aber nun vor allem, dass Humboldt seine ältere Position, wonach die Griechen und ihre Kunst nicht nur vorbildhaft, sondern einmalig und auf ewig unerreichbar, eben «einzig» gewesen seien, aufgegeben hat. Erstmals und von Schiller angeregt nimmt er nun Kenntnis von jenem seit mehr als einem Jahrhundert in der deutschen Kunstphilosophie ausgetragenen Streit um Rolle und Bedeutung der antiken Kunst für die Moderne und davon, dass dieser Streit längst entschieden ist. Schon Jahrzehnte zuvor hatte Lessing die «sklavische Anbetung der Alten», wie sie zu seiner Zeit von den Dichtungstheoretikern um den Leipziger Johann Christoph Gottsched und danach auch von dem so bedeutenden Winckelmann betrieben worden war, gegeißelt. Später trat dann Schiller gegen die «einseitige Observanz» der «alten und naiven Dichter» auf. Jetzt ist auch Humboldt so weit. Er akzeptiert, dass das Schöne nicht länger der einfachen Nachahmung der Natur entspringt, wie bei den Griechen der Fall (so Aristoteles in seiner Poetik). In der Moderne, hat

Humboldt von Schiller gelernt, ist das Schöne vielmehr Produkt eines reflexiven Aktes. Was die Griechen intuitiv zustande brachten, ist jetzt mühsam aus der Idee zu gestalten. In seinem letzten Brief an Schiller, den Humboldt am 22. Oktober 1803 aus Rom an den Freund aus Jenaer Tagen richtet, wird er diesem noch einmal versichern: «Der Maßstab der Dinge in mir bleibt fest und unerschüttert; das Höchste in der Welt bleiben und sind – die Ideen» (BSH II, S. 263).

Jedenfalls ist Humboldt jetzt klar, dass zwar an der Idealität der griechischen Künstler festgehalten werden kann, aber anzuerkennen ist, dass auch moderne Künstler auf ihre Weise so vollendet zu dichten vermögen wie ein Homer. Ja, mehr noch: Es gebe, so Humboldt, sogar eine Poesie, in der sich, wenn auch nur in wenigen herausragenden Exemplaren, die Reflexivität der modernen in den Ausdrucksformen der antiken Dichtung mitteile. Die beiden Beispiele, an denen er dies zu demonstrieren versucht, sind der italienische Renaissancedichter Ariost und eben Goethe mit seinem Versepos «Hermann und Dorothea», über das er schreibt: «Wir haben gefunden, dass es in der rein objectiven Darstellung den Werken der Alten gleichkommt, dass es in diese Form einen für den Geist und die Empfindung so reichen Gehalt kleidet, als wir ihn nur bei den neuern Dichtern anzutreffen gewohnt sind, dass es aber denselben dennoch wieder durchaus zu der einfachen und natürlichen Wahrheit der Alten zurückführt» (HW II, S. 236).

Die Reaktion der Jenaer Freunde auf die Schrift fällt gemischt aus. Schillers anfängliche Zustimmung weicht bald einer kritischeren Beurteilung: zu trocken und pedantisch findet er Humboldts Abhandlung. Goethe ist ohnehin mehr an den praktischen Hilfestellungen Humboldts als an dessen kunsttheoretischen Reflexionen interessiert. Diesbezüglich akzeptiert er von seinem Gesprächs- und Briefpartner Schiller abgesehen niemanden als kongenial.

Dieses eher verhaltene Echo, das seine Arbeit findet, mag es begünstigt haben, dass sich Humboldt und seine Frau schnell vom anregenden intellektuellen Klima der französischen Hauptstadt faszinieren lassen und in ihrem Pariser Domizil zum Mittelpunkt eines großen debattierfreudigen Kreises deutscher und französischer Intellektueller werden – zu den bekanntesten unter den Letzteren dürften der Revolutionär der ersten Stunde und gerade eben politisch wieder sehr aktive Abbé de Sièyes und die Schriftstellerin Germaine de Staël gehört haben. Ständiger Besucher ist Humboldt auch in den Museen der Stadt. Dabei interessiert ihn eines dieser Museen, über das er 1799 in drei für Goethe bestimmten Briefen berichtet, wegen der dort zahlreich ausgestellten Büsten und

Porträts, an denen er seine anthropologisch-physiognomischen Studien treibt, besonders: das sogenannte Augustinermuseum. Dieses Museum zeigt auch antike Kunstwerke, die aus den von französischen Truppen besetzten Ländern, v. a. aus Italien, nach Paris gebracht worden waren.

Die besagten Briefe über das *Musée des petits Augustins* (HW I, S. 519ff.) und weitere Äußerungen Humboldts lassen erkennen, dass sich mit dem Wechsel des Lebensmittelpunkts neue Themen und Arbeitsmethoden in den Vordergrund zu schieben beginnen. Immer stärker wird Humboldts Verlangen nach dem genauen Beobachten und dem Sammeln von Material für die anthropologischen Untersuchungen, die er in Angriff nehmen möchte und für die er ja erste Vorarbeiten bereits geliefert hat. Liegt schon Humboldts altertumskundlichen Studien die Auffassung zugrunde, der Geist eines Volkes drücke sich in dessen Sprache aus, will er diesen Zusammenhang zwischen Sprache und Volkscharakter jetzt vertieft untersuchen. So werden die beiden Abenteuer verständlich, in die er sich nunmehr stürzt.

Spanische Reisen

Im September 1799 bricht die Familie Humboldt nach Spanien auf. Durch Südwestfrankreich und das Baskenland geht es nach Südspanien, anschließend nach Madrid und von dort wieder zurück nach Paris, wo man am 18. April 1800 nach einer beschwerlichen Reise wieder eintrifft. Von den italienischen Reisetagebüchern Goethes (1786–1788) angeregt, die dieser Jahre nach seiner Rückkehr (nämlich 1813–1817) zu seiner berühmten «Italienischen Reise» ausarbeiten wird, hält auch Humboldt seine Eindrücke in einem *Tagebuch der Reise nach Spanien 1799 – 1800* (GS XV, S. 47ff.) fest.

Vom 19. April bis zum 14. Juni 1801 zieht es Humboldt erneut in den Süden, ins Baskenland. Diesmal in Begleitung eines jungen Landsmannes. Auch hier wieder führt er ein Reisetagebuch, das er über die folgenden Jahre hinweg zu einem ausführlichen Bericht ausarbeiten wird: *Die Vasken, oder Bemerkungen auf einer Reise durch Biscaya und das französische Basquenland im Frühling des Jahrs 1801.* An der vom Aussterben bedrohten baskischen Sprache, die er mithilfe von Wörterbüchern in Paris studiert hatte, reizt Humboldt deren von «literarische[r] und wissenschaftliche[r] Bildung» (HW II, S. 424) noch unbeeinflusster, urtümlicher Charakter. Tatsächlich enthält sein Bericht dann aber weniger Notizen zur Sprache als vielmehr akribische Beschreibungen von Natur und Landschaft der bereisten Gegenden vermischt mit historischen Erläuterungen und politischen Reflexionen. Auffällig auch die genauen anthropologischen Beobachtungen, etwa der Physiognomien der Menschen, denen er begegnet, ihrer Feste und Brauchtümer. Der Einfluss seines früheren Kontaktes zu Lavater ist unübersehbar.

Im Sommer 1801 kehrt die Familie Humboldt nach Berlin zurück, wo sie bis September 1802 lebt. In dieser Zeit betreibt Humboldt die Aufhebung seiner 1791 erfolgten Beurlaubung aus dem Staatsdienst, um sich zum preußischen Gesandten beim Vatikan ernennen zu lassen. Was fünf Jahre zuvor noch gescheitert war, das gelingt jetzt: der Sprung nach Italien. Am 25. November 1802 erreicht Humboldt in Begleitung seiner Familie Rom.

Rom

Das Amt, das er in Rom zu versehen hat, beansprucht Humboldt nur wenig. So kann er die Jahre, wenn sie auch vom Tod zweier Söhne tragisch überschattet sind, in Muße zu ausgedehnten Wanderungen in den antiken Ruinenlandschaften und zu philosophischen Studien – darunter auch noch einmal solche zu ästhetischen Fragen – nutzen sowie an seinen Übersetzungen klassischer Texte aus dem Griechischen feilen. Wie all die anderen Griechenschwärmer von Winckelmann über Schiller bis Goethe verehrt auch Humboldt Griechenland aus der Ferne. Da er aber die Römer als die Erben der Griechen versteht, bietet ihm Rom Ersatz für das nie gesehene Griechenland. Der Genius Loci entflammt ihn noch einmal so für die Antike, dass man bei der Lektüre der römischen Arbeiten den Eindruck gewinnen kann, der Einfluss seines Freundes Schiller im fernen Jena sei doch nicht so groß gewesen oder habe unter den neuen Lebensumständen einen Gutteil seiner Wirkung verloren.

Aus dem Jahre 1806 datiert *Latium und Hellas oder Betrachtungen über das classische Alterthum*, ein Textfragment, in dem Humboldt erneut das Hohelied auf die Vorzüglichkeit der Griechen singt. So sehr zeigt sich Humboldt von seiner Griechenbegeisterung überwältigt, dass er sogar hinter seine Arbeit über «Hermann und Dorothea» zurückfällt und jetzt wieder das Gezwungene, ja vielfach sogar Vergebliche der «neueren Kunst», weil diese nach der Schönheit nur «hascht» und «die Natur [behandelt], ohne einen Schlüssel zu haben, durch den sie dieselbe ... erschließen könnte» (HW II, S. 33), geißelt und die Kunst der Gegenwart gegenüber der «griechischen Kunst», die «zu Schönheit und

Charakter [gelangte], ohne unmittelbar nach ihnen zu streben» (HW II, S. 33), abwertet.

Emphatisch über die Griechen äußert er sich auch in der im Herbst 1807 entstandenen Schrift über die *Geschichte des Verfalls und Unterganges der griechischen Freistaaten*, in der er den Gründen für den Verlust der Unabhängigkeit der kleinen Stadtrepubliken des klassischen Zeitalters zuerst an Philipp und Alexander von Makedonien, später an die Römer nachgeht. Dort heißt es u. a.: «Jenes volle und schöne Gleichgewicht treffen wir … nur im Antiken, nie im Modernen, an» (HW II, S. 97). Aus der Betrachtung der Griechen will er «etwas mehr als Irrdisches, ja beinah Göttliches» (HWII, S. 92) schöpfen. Oder: «Nichts Modernes ist mit etwas Antikem vergleichbar» (HW II, S. 100). Im Altertum sieht Humboldt den «Hauch einer hellen von Göttlichkeit … durchstrahlten Menschheit», die er «gegen unsere Dumpfheit und Engherzigkeit» (HW II, S. 100) setzt.

Andererseits hat Humboldt schon in *Latium und Hellas* konzediert – was nun doch wieder an die unter Schillers Einfluss gewonnene Haltung erinnert –, «die Deutschen» hätten – viel mehr als andere Völker – künstlerisch etwas geschaffen, «das dem Sinne des Griechen näher, vielleicht sogar höher, als das von ihm Erreichte [steht]» (HW II, S. 55). Auch in einer 1807 entstandenen thesenartigen kleinen Studie, *Über den Charakter der Griechen, die idealische und historische Ansicht desselben*, aus der er dann einige Abschnitte in die Schrift über die Freistaaten übernimmt, hat Humboldt seine Position aus «Hermann und Dorothea» bestätigt. In dieser Schrift kommt er nämlich auf das Thema der Trennung von Geist und Natur zurück, auf diesen Zwiespalt, in dem der Mensch der Moderne lebt und wie ihn Schiller so meisterlich beschrieben hat. Mit einem wesentlichen Unterschied allerdings: Wenn Schiller diese Erfahrung kulturkritisch gedeutet hatte, dann dreht Humboldt jetzt die Perspektive und liest dieselbe Erfahrung als Chance, indem er nämlich feststellt, «die Neueren» würden «die Alten übertreffen», weil zwar «die Verbindung nach der Trennung, schwieriger, aber auch grösser, als die vor derselben» je gewesen sei (HW II, S. 70). Anders ausgedrückt: Wer die Erfahrung der Entfremdung gemacht und ihre Überwindung reflexiv und mithilfe der Einbildungskraft betrieben hat, ist demjenigen voraus, dem diese Erfahrung fehlt. Nicht zufällig gewinnt Humboldt erstmals einen, wenn auch nicht vorbehaltlosen Zugang zur fantasiegesättigten Poesie der Romantik und zur Philosophie Schellings, den er mit Interesse zu lesen beginnt.

Und auch das Verhältnis zu den Griechen kann Humboldt jetzt wieder entspannter sehen: «Die Griechen», schreibt er, seien «ein Muster, deren Unerreichbarkeit anspornt» (HW II, S. 70). Was er damit sagen will: Man soll sich mit den Griechen befassen, soll sie zum Vorbild nehmen, sich von ihrem Beispiel motivieren lassen und im Umgang mit ihnen sich bilden, ohne jedoch so werden zu wollen, wie die Griechen gewesen sind.

Tatsächlich darf man diese Arbeiten als Schriften des Übergangs verstehen. Was sich mit der Anerkennung der modernen, der zeitgenössischen Dichtkunst als der antiken gleichwertig, ja dieser in bestimmter Hinsicht sogar überlegen, andeutet, das wird nun auch biografisch konkret: der Abschied von Rom und aus dem «Traumreich Antike» steht bevor. Die Reflexionen über den Verfall und Untergang der griechischen Freistaaten können nämlich durchaus mit Blick auf die Lage in Deutschland gelesen werden, weil diese Humboldt aller Griechenbegeisterung zum Trotz zunehmend beschäftigt. Wenn Humboldt schreibt, Griechenland sei «schon von vielen Seiten entartet und verderbt [gewesen], als der erste Angriff auf seine Freiheit geschah» (HW II, S. 75), so ist das nicht zuletzt auf Deutschland und Preußen zu beziehen, die gerade ihre Unabhängigkeit an Napoleon verloren haben. Und dies nicht allein, weil sie sich militärisch als unterlegen erwiesen hatten, sondern einer allgemeinen politischen und gesellschaftlichen Erstarrung und Rückständigkeit wegen. Eine Koinzidenz der Ereignisse und ein Argument, das erklärt, warum Humboldt, ähnlich wie Friedrich Schlegel, der die Deutschen die «Griechen der Neuzeit» genannt hatte, zu dem Schluss kommen kann: «Deutsche knüpft daher seitdem ein ungleich festeres und engeres Band an die Griechen, als an irgend eine andere, auch bei weitem näher liegende Zeit oder Nation» (HW II, S. 87).

Literatur

Müller-Vollmer, Kurt (1967): Poesie und Einbildungskraft. Zur Dichtungstheorie Wilhelm von Humboldts. Stuttgart: J. B. Metzlersche Verlagsbuchhandlung.

Stadler, Peter Bruno (1959): Wilhelm von Humboldts Bild der Antike. Zürich, Stuttgart: Artemis Verlag.

Fragmente einer Bildungstheorie

Im Rahmen seiner kunstphilosophischen Untersuchungen denkt Humboldt auch über die Bildung des Menschen nach. Was Bildung ist, das kann in der Moderne, so die Quintessenz aus seinen Überlegungen, nicht normativ bestimmt werden. Der aus allen Ordnungen gefallene Mensch ist frei, aber dadurch auch gezwungen, sich seine individuelle Erscheinung nach eigener «Idee» in einem Austauschprozess mit seiner Umwelt zu modellieren. Bildung ist Aufgabe und offener Prozess, kein abgeschlossener Zustand.

Vorbemerkungen zum Bildungsbegriff

Der Begriff «Bildung» kommt in Humboldts Werk immer wieder vor. Das war kein Zufall. Zwar hatte der Philosoph Moses Mendelssohn 1784 in einem Beitrag für die Berlinische Monatsschrift festgestellt, «die Worte Aufklärung, Cultur, Bildung sind in unserer Sprache noch neue Ankömmlinge». Tatsächlich aber verhielt es sich so, dass zumindest der Bildungsbegriff schon seit Langem in der deutschen Sprache heimisch war. Bereits im Mittelhochdeutschen war von «bildunga» oder «bildunge» die Rede. Zuletzt spielte er in den Schriften von Herder, Kant und Schiller eine wichtige Rolle, auch Goethe hat ihn benutzt – z. B. im «Wilhelm Meister», wo er den Bildungsgang eines bürgerlichen Individuums schilderte. Hinzu kommen Stichwortgeber aus dem Ausland wie Rousseau mit seinem Erziehungsroman «Emile» (1762) oder der englische Philosoph Shaftesbury, der den Begriff der «inward form» geprägt hat, der im Deutschen auch mit «Bildung» übersetzt wurde.

Worauf Mendelssohn vor diesem Hintergrund hinweisen wollte, war die semantische Umprägung, die der Bildungsbegriff unter dem Einfluss der eben Genannten erfahren hatte. Im Mittelpunkt des Geschehens, das mit «Bildung» bezeichnet wurde, stand inzwischen der Mensch. Und das war in der Tat neu. Nicht mehr Gott – wie in der mittelalterlichen Mystik und später im Pietismus des 17. und 18. Jahrhunderts der Fall – oder die Natur – wie die Aufklärer gefordert hatten – sollten Vorbild und Maßstab dieses «Bildung» genannten Prozesses der geistig-seelischen

Formung sein, sondern der Mensch selbst, wenn auch in seiner idealen Gestalt, wie diese vorzugsweise in der Kunst zu Geltung und Ausdruck kam. Es war nicht zuletzt Humboldt, der zu dieser anthropozentrischen Neuakzentuierung des Bildungsbegriffs seinen Teil beigetragen hat.

Zum andern aber hatte Mendelssohn mit seiner Bemerkung die jüngst vermehrte Verwendung des Bildungsbegriffs im Auge. Auch wenn die zitierten Begriffe – Aufklärung, Kultur und Bildung – noch keinen Eingang in die Umgangssprache gefunden hatten – «der gemeine Haufe versteht sie kaum», bemerkte Mendelssohn –, in der «Büchersprache», so noch einmal Mendelssohn, waren sie zunehmend heimisch geworden. Was Mendelssohn damit sagen wollte: Diese Begriffe bereicherten neuerdings den Wortschatz des Bildungs(!)bürgertums. In jener quantitativ expandierenden gesellschaftlichen Avantgarde, der auch Humboldt angehörte, avancierte der Bildungsbegriff zu einem Verständigungsmittel wie auch zu einem Mittel der sozialen Distinktion, denn wer dazugehören wollte, der musste «gebildet» sein.

Fragmente einer Bildungstheorie

Humboldt hat keine ausgearbeitete Theorie der Bildung vorgelegt. Im größeren Ganzen seiner kunstphilosophischen Überlegungen jedoch versucht er wenigstens Grundzüge einer solchen Theorie zu entwerfen, wobei er allerdings mit seinen diesbezüglichen Ausführungen übers Fragmentarische nicht hinausgelangt.

Dass und wie sehr der Begriff der Bildung ein Schlüsselbegriff in Humboldts Werk ist, zeigt sich schon früh, nämlich in der «Ideen»-Schrift von 1792. Zugleich führen die Überlegungen dort bereits mitten hinein in das bildungstheoretische Denken ihres Autors. In der besagten Abhandlung schreibt Humboldt nämlich: «Der wahre Zweck des Menschen – nicht der, welchen die wechselnde Neigung, sondern welchen die ewig unveränderliche Vernunft ihm vorschreibt – ist die höchste und proportionirlichste Bildung seiner Kräfte zu einem Ganzen. Zu dieser Bildung ist Freiheit die erste, und unerlassliche Bedingung. Allein ausser der Freiheit erfordert die Entwickelung der menschlichen Kräfte noch etwas andres, obgleich mit der Freiheit eng verbundenes, Mannigfaltigkeit der Situationen. Auch der freieste und unabhängigste Mensch, in einförmige Lagen versetzt, bildet sich minder aus» (HW I, S. 64).

Das Ziel der Bildung ist benannt: Gebildet ist der Mensch dann, wenn er zu einer ausgewogenen, man könnte auch sagen, zu einem harmonischen Ganzen sich fügenden Persönlichkeit gefunden hat, die aber nicht Gleichförmigkeit, sondern Individualität erkennen lässt. Von einer «entschiedene[n] und originelle[n] Individualität» (HW I, S. 512) wird Humboldt wenige Jahre später sprechen, so wie sie in den Werken herausragender Künstler, Philosophen und Wissenschaftler exemplarisch zum Ausdruck komme.

Ferner handelt die wiedergegebene Textstelle von den Voraussetzungen, damit Bildung überhaupt erst gelingen kann. Da ist zum einen «Freiheit» nötig, ein auch in den übrigen staatstheoretischen Frühschriften breit ausgeführter Gedanke, der hier nicht weiter verfolgt zu werden braucht. Immerhin wird so noch einmal klar, warum Humboldt mit großer Emphase alle Freiheitsbeschränkungen, auch und gerade die vom Staat ausgehenden, bekämpft hat.

Zum andern aber spricht Humboldt von der «Mannigfaltigkeit der Situationen», von einer anregungsreichen Umgebung, wie man auch sagen könnte. Unter zeitgeschichtlichen Aspekten betrachtet spielt Humboldt hier auf die Lebenswelten der ständischen Gesellschaft des ausgehenden 18. Jahrhunderts an, die, weil die Betroffenen sie kaum beeinflussen können, eintönig und beengend, eben «einförmig», wirken. Zudem kann man Humboldts Bemerkungen schon als Vorahnung auf die Einseitigkeit der industriellen Berufs- und Arbeitswelt lesen. Wie auch immer: Bildung als «höchste und proportionirlichste» Entwicklung der menschlichen Kräfte, ist so nicht möglich. Allgemein aber, d. h. in bildungstheoretischer Hinsicht, ist mit der «Mannigfaltigkeit der Situationen» nichts weniger als der für alle Bildungsvorgänge grundlegende Mensch-Welt-Zusammenhang angesprochen.

Dabei gilt es sich Folgendes zu vergegenwärtigen: Bildung ist ein personaler Vorgang, sie ist «Selbstbildung», wie Humboldt das in der Tradition des alten religiösen Begriffsverständnisses, wonach mit Bildung ein innerseelischer Akt bezeichnet war (Mystik!), auf den Begriff bringt. «Im Mittelpunkt» aller Bildung, schreibt Humboldt in einem 1794 oder 1795 entstandenen knappen Text, dem der Herausgeber der Akademie-Ausgabe (s. Kap. 9) später den Titel *Theorie der Bildung des Menschen* gegeben hat, «steht der Mensch, der ohne alle, auf irgend etwas Einzelnes gerichtete Absicht, nur die Kräfte seiner Natur stärken und erhöhen, seinem Wesen Werth und Dauer verschaffen will» (HW I, S. 235).

Wie aber kann es dem Menschen gelingen, sich selbst «Werth und Dauer» zu verleihen? Das geht nur, indem der Mensch seine innere Kraft, diesen ihm eigenen Willen, «zu den Gegenständen außer ihm überzugehen» (HW I, S. 237), auf etwas richtet, was nicht er selbst, sondern

«Welt» ist, wie Humboldt sagt, der an die eben zitierte Textstelle anknüpfend fortfährt: «Da jedoch die blosse Kraft einen Gegenstand braucht, an dem sie sich üben, und die blosse Form, der reine Gedanke, einen Stoff, in dem sie, sich darin ausprägend, fortdauern könne, so bedarf auch der Mensch einer Welt ausser sich» (HW I, S. 235). Im selben Textfragment heißt es ein paar Sätze weiter, der Mensch solle sich bemühen, «soviel Welt, als möglich zu ergreifen, und so eng, als er nur kann, mit sich zu verbinden» (HW I, S. 235). An wieder einer anderen Stelle spricht Humboldt von der «Verknüpfung unseres Ichs mit der Welt» (HW I, S. 236), einer Welt, die er gelegentlich in Anlehnung an Fichtes «Nicht-Ich» auch als «NichtMensch» (HW I, S. 235) bezeichnet – was die Charakterisierung dieses gesamten Vorgangs als «Entfremdung» (HW I, S. 237), im Sinne eines in der Begegnung mit diesem anderen sich selbst gegenüber grundlegenden fremd Werdens nämlich, verständlich macht.

Welchen Ausschnitt aus der Welt der Mensch sich aneignen sollte, dies zu klären, fällt Humboldt allerdings schwer, auch wenn er um die Gefahr weiß, sich andernfalls in der Weltaneignung früher oder später «allein dem Zufall ... überlassen» (HW I, S. 234) zu sehen, und er dieser Frage 1797 eine weitere, ebenfalls unvollendet gebliebene Schrift widmet: *Über den Geist der Menschheit*. Darin nennt er «Bildung» freilich auch nur ein «unbekannte[s] Etwas» (HW I, S. 509) bzw., ebenso vage, den «Geist der Menschheit» (HW I, S. 514). Weil Humboldt sich zu dieser Zeit mit kunsttheoretischen Fragen beschäftigt (s. Kap.3), überrascht es nicht, wenn er die «Bildung» gelegentlich mit der Kunst vergleicht, weil auch diese mehr zu erahnen und zu erfühlen als zu erklären sei.

Immerhin versucht Humboldt dieses Unbekannte in besagter Schrift dann doch ansatzweise näher zu bestimmen. Bildung darf demnach «nichts Mechanisches» sein, «nichts, was bloss Nutzen oder Vergnügen gewährt, dem Menschen bloss Mittel an die Hand giebt» (HW I, S. 509, 511). Bildung kennt «keine Grenze der Vervollkommnung» (HW I, S. 512), bleibt den Menschen nicht äußerlich, presst sie nicht in eine Schablone, sondern «weckt ihre innere geistige Lebenskraft» (HW I, S. 513), auf dass die Menschen so zu ihrer Individualität finden.

Wie man sieht, hat sich Humboldt inhaltlich nicht festlegen wollen. Er formuliert keinen Katalog, der enthält, wovon ein Mensch etwas wissen und verstehen muss, um als gebildet zu gelten. Die von Humboldt genannten Aspekte von Bildung betreffen allesamt deren Form, so dass man Humboldts bildungstheoretische Ideen im Gegensatz zu einer materialen Theorie der Bildung auch als Beitrag zu einer formalen Bildungstheorie bezeichnet hat. Später, im Rahmen seines schulpolitischen

Wirkens, wird Humboldt erneut auf das Formale im Bildungsprozess zurückkommen (s. Kap.5).

Bleibt die Frage nach dem «Warum» der Bildung. Hier bringt Humboldt einen so überraschenden wie überzeugenden Gesichtspunkt ins Spiel.

Um diesen zu verstehen, muss man sich noch einmal auf das Ereignis der Französischen Revolution besinnen. Für die Zeitgenossen war die Welt für einen historischen Moment aus den Fugen geraten. Immerhin hatten die Revolutionäre einen von Gott eingesetzten Monarchen (Gottesgnadentum!) und dessen Frau aufs Schafott gebracht. In einer solchen Situation, in der das Unterste zuoberst und das Oberste zuunterst gekehrt war, brach sich bei vielen eine große Sehnsucht nach Verlässlichkeit und Orientierung Bahn. Tatsächlich waren einige der bedeutendsten auf die Französische Revolution folgenden geistigen Bewegungen entscheidend von der Suche nach Halt und Wegweisung geprägt. Die Romantiker beispielsweise sahen sich im geschlossenen Kreis der vormodernen Welt des Mittelalters und im Schoß der katholischen Kirche gut aufgehoben.

Die Lösung darin zu suchen, sich einer Institution anzuvertrauen, überzeugt Humboldt allerdings nicht. Schließlich hatte sich doch gerade erst die Instabilität einer scheinbar so fest gefügten Institution, wie sie das französische Königtum war, gezeigt. Aus dieser Erfahrung zieht Humboldt deshalb den Schluss: «Wenn aber alles ausser uns wankt, so ist allein noch in unserm Innern eine sichere Zuflucht offen, und seitdem in einem der bedeutendsten und cultivirtesten Theile der Erde eine wirkliche Umkehrung aller Verhältnisse Statt gefunden hat, ist es immer zweifelhaft, wie viel sich in den übrigen davon erhalten wird» (HW I, S. 506). Diesen «Standpunkt, … aus welchem sich alles vergleichen und alles beurtheilen lässt» (HW I, S. 511f.), oder – an anderer Stelle – diesen «ersten und absoluten Maassstab» (HW I, S. 506), der Halt in einer orientierungslosen Zeit geben soll und den Humboldt «Bildung» nennt, kann, so scheint es, der Menschen nur «in sich selbst finden» (HW I, S. 507), ist die Welt um ihn her doch ins Wanken geraten. Der Mensch bedarf also der Bildung, sagt Humboldt, um sich in der modernen Welt, die eine Welt im Umbruch ist, die keine Verlässlichkeit mehr kennt, zurechtzufinden.

Dieser Wendung nach Innen, die insoweit den oben bereits festgestellten Selbstbezug der Bildung bestätigt, steht allerdings, wie ebenfalls schon ausgeführt, die Forderung entgegen, der sich bildende Mensch müsse «soviel Welt, als möglich … ergreifen». Der gesuchte Maßstab,

Bildung, kann also offenkundig doch nicht allein und ausschließlich im Menschen gefunden werden. Zudem bliebe er dann dem Subjektiven und Beliebigen verhaftet. Andererseits kann dieser Maßstab auch nicht ausschließlich in der Welt gesucht werden – wo diese Welt doch in Trümmern liegt, sich ständig ändert. Zudem verlöre der Mensch, wenn er sich ganz an die Welt auslieferte, schreibt Humboldt, seine innere Freiheit und Individualität wäre nicht möglich.

Bildung, das ist der von Humboldt gewählte Ausweg aus diesem Dilemma, entsteht im ständigen dialektischen Austausch von Mensch und Welt, der keinen der beiden Beteiligten unverändert lässt. Der Mensch soll sich «Welt» aneignen, umgekehrt aber der Welt «den Stempel» (HW I, S. 512) «seines Geistes aufdrücken», um «beide», sich selbst und die Welt, «einander ähnlicher [zu] machen» (HW I, S. 237). Von einer «Wechselwirkung zwischen seiner» – also des Menschen – «Empfänglichkeit mit seiner Selbstthätigkeit» (HW I, S. 237) ist bei Humboldt, die beiden Pole des Geschehens bezeichnend, die Rede. Anregungen, das ist, wenn man so will, das einzige Zugeständnis, das Humboldt in inhaltlicher Hinsicht macht, könne und dürfe sich der Einzelne durchaus bei «ausgezeichneten Menschen, die uns hier zum Vorbilde dienen» (HW I, S. 512), und deren Werken – denn «der grosse Mensch prägt seine Person auch seinem Werke ein» (HW I, S. 513) – holen. «Er blickt um sich her und wählt sich diejenigen Individuen aus, welche ihm den besten und höchsten Begriff vollendeter Menschheit geben» (HW I, S. 509). Insbesondere im Wirken der Künstler, der antiken wie der modernen, sieht Humboldt diesen «Bildung» genannten Kommunikationsprozess zwischen Mensch und Welt mit dem Ergebnis wahrer Individualität auf exemplarische Weise verwirklicht.

Zur Kritik der Humboldtschen Bildungsidee

Bei aller Anerkennung, die sie auch heute noch verdienen, muss man sehen, dass Humboldts Gedanken zur Bildung auch Defizite aufweisen. Zum einen verliert Humboldt keinen Gedanken daran, dass sich «Bildung» auch im Austausch mit anderen Menschen ereignen kann. Bildung ist bei Humboldt auf den Einzelnen zentriert, der sich in Auseinandersetzung mit der Welt der Dinge bildet. Der sich bildende Mensch kommt bei Humboldt mit seinesgleichen nur mittelbar in Berührung, über beispielhaft große Werke großer Menschen nämlich. Überindividuelle Begriffe, wie Volk oder Nation, werden erst in Humboldts späten sprachwissenschaftlichen Arbeiten zentral. Dann erst wird sich – ohne dass er dies ausdrücklich thematisieren würde – über den sozialen Charakter der Sprache sein Bildungsdenken um den Gedanken der humanen Interaktion erweitern (s. Kap. 8). Zum Zeitpunkt seiner konzentrierten bildungstheoretischen Bemühungen jedoch steht Humboldt ganz im Banne seiner Griechenbegeisterung (s. Kap.3). Den längst verblichenen Griechen aber vermag sich der Einzelne nur über ein konzentriertes Sichversenken in deren künstlerische und philosophische Hinterlassenschaften zu nähern. In Ruhe und Abgeschiedenheit, wie Humboldt das selbst immer wieder praktiziert.

Dies führt zur zweiten Leerstelle in Humboldts Bildungsdenken. Ein durch (körperliche) Arbeit die Welt sich aneignender Mensch kommt bei ihm nicht vor. Schon die Griechen haben die körperliche Arbeit gering geschätzt und sie bevorzugt Sklaven überlassen. Bildung (paideia) war auch bei den Griechen das Ergebnis von Muße und zweckfreiem Tun.

Weil es in Deutschland, anders als in England und Frankreich, zu dieser Zeit zwar ein Bildungs-, aber kein starkes Besitz- und Wirtschaftsbürgertum gab, das als Trägerschicht eines auf Arbeit sich beziehenden Bildungsverständnisses hätte dienen können, konnte sich der Bildungsdiskurs, wie er um 1800 nicht nur von Humboldt, von diesem aber besonders brillant geführt wurde, in die angegebene Richtung entwickeln, nämlich hin auf eine die verstörenden Erfahrungen der Moderne ästhetisch kompensierende Selbstvervollkommnung abseits der Ödnis des alltäglichen Lebens. Geistesgeschichtlich gesehen vollendete sich mit dem Durchbruch des Bildungsbegriffs der Übergang zum Neuhumanismus. Letzterer wiederum gilt als ein deutsches Phänomen und tatsächlich sind Begriffe wie «Kultur» und «Zivilisation», die in anderen Sprachen näherungsweise für das stehen, was im Deutschen mit dem Bildungsbegriff ausgedrückt werden soll, keineswegs Synonyme; «Bildung» ist unübersetzbar.

Literatur

Benner, D. (²1995): Wilhelm von Humboldts Bildungstheorie. Eine problemgeschichtliche Studie zum Begründungszusammenhang neuzeitlicher Bildungsreform. Weinheim, München: Juventa Verlag.

Bollenbeck, G. (1996): Bildung und Kultur. Glanz und Elend eines deutschen Deutungsmusters. Frankfurt am Main: Suhrkamp Verlag.

Schule und Schulreform

1809 wird Humboldt beauftragt, das preußische Bildungswesen zu reorganisieren. Binnen Kurzem entfaltet er Aktivitäten, die ihn heute zum bedeutendsten Bildungsreformer des 19. Jahrhunderts werden lassen. Humboldt konzipiert ein Schulsystem, das ganz dem Gedanken der allgemeinen Bildung verpflichtet ist. Auch wenn vieles nicht realisiert werden kann, bleibt dieser Entwurf als Maßstab und Idee weit über die preußische Reformzeit hinaus lebendig.

Am 14. Oktober 1808 kehrt Humboldt der Ewigen Stadt den Rücken. Mit ihm kommt sein Sohn, Ehefrau und Töchter bleiben in Rom zurück. Grundstürzendes hatte sich ereignet: 1803 waren im Zuge einer von Napoleon veranlassten territorialen Flurbereinigung zahlreiche deutsche Klein(st)staaten von der Landkarte getilgt worden (Reichsdeputationshauptschluss); 1806 hatte Franz II. die Kaiserkrone niedergelegt und das Heilige Römische Reich Deutscher Nation aufgehört zu existieren; im Oktober desselben Jahres war Preußen in der Schlacht von Jena und Auerstedt geschlagen und sein nach dem Friedensschluss von Tilsit (9.7.1807) um mehr als die Hälfte geschrumpftes Staatsgebiet von den Truppen Napoleons besetzt worden; der preußische Regent, Friedrich Wilhelm III., hatte sich ins entlegene und allein noch unbesetzte Ostpreußen abgesetzt; 1808 war der Kirchenstaat von französischen Truppen eingenommen worden; das Humboldtsche Landgut in Tegel war Opfer von Plünderungen geworden. Welthistorisches und Privates vermischen sich also: die alte europäische Ordnung befindet sich in Auflösung, eine neue, von Napoleons Gnaden ist im Entstehen – und Humboldt droht der wirtschaftlichen Grundlagen seiner ungebundenen Existenz verlustig zu gehen.

Was man ihm nun ausrichten lässt, kaum hat er deutschen Boden betreten, vermerkt Humboldt in der gegen Ende seines Lebens angefertigten autobiografischen Skizze *Bruchstück einer Selbstbiographie* – von sich selbst in der dritten Person redend – so: «Unmittelbar nach W. von Humboldt's Zurückkunft in sein Vaterland, wurde ihm das Departement des Cultus und öffentlichen Unterrichts im Ministerium des jetzt ausser Diensten lebenden Grafen von Dohna, mit dem er in langjähriger freundschaftlicher Verbindung stand, anvertraut» (HW V, S. 13). Dass und wie Humboldt in dieses Amt kommt, weist durchaus kuriose Züge auf. Als Experte in Schulfragen ist er bis dahin nicht aufgefallen, eine Schule hat er nie besucht. So gesehen also keine guten Voraussetzungen, um aus dem Bildungsphilosophen Humboldt einen Praktiker der Bildungspolitik und Bildungsreformarbeit werden zu lassen.

Preußens Krise und Wiedergeburt

Der fast widerstandslose Zusammenbruch Preußens nach der Niederlage gegen Frankreich hat zumindest für die Einsichtigen aus der adeligen Elite klar werden lassen, dass sich etwas ändern muss, will man nicht die Chance vertun, je wieder eine Rolle auf der europäischen Bühne zu spielen. Am 30. September 1807 wird deshalb Reichsfreiherr Karl vom und zum Stein, seit 1804 Minister für Steuern und Gewerbe, zum ersten Minister des Königs ernannt und von diesem mit der Durchführung der ins Auge gefassten Reformen beauftragt. Von vergleichbaren Reforminitiativen lässt sich auch aus anderen deutschen Staaten berichten, wobei Preußen das Verdienst zukommt, hierbei eine Vorreiterrolle gespielt zu haben.

Ganz grundlegend wird die Administration reorganisiert. Im November 1808 wird das Prinzip der Fachministerien (Inneres, Justiz, Finanzen, Auswärtiges, Krieg) eingeführt. Als Unterbau tritt eine gestufte und nach dem Regionalprinzip organisierte Verwaltung hinzu. Den Städten wird die Selbstverwaltung wiedergegeben, die sie unter dem Regime des Absolutismus verloren hatten. Die Rechtsprechung wird von der Verwaltung getrennt, das Steuerwesen vereinfacht und ein transparenter Staatshaushalt erstellt. Zur Entscheidung aller wichtigen Gesetzesvorhaben soll 1810 ein Staatsrat eingerichtet werden, dem neben den Prinzen des königlichen Hauses die Minister und deren Sektionschefs angehören sollen.

Besonders wichtig sind die Reformen, die die Auflösung der verknöcherten ständischen Sozialstruktur beschleunigen sollen. Nicht länger soll die Herkunft eines Menschen dessen Lebensgang bestimmen, sondern allein die persönliche Tüchtigkeit. Diesem Anliegen hatte schon das Edikt über die Bauernbefreiung vom Oktober 1807 vorgearbeitet, das der bisher nahezu unfreien Landbevölkerung die volle persönliche Freiheit gewährte. Beruf und Aufenthaltsort können jetzt frei gewählt werden, die Eheschließung ist nicht mehr von der Zustimmung des

Grundherrn abhängig. Letzterer wiederum darf erstmals seinen Besitz frei verkaufen; Stadtbürger dürfen Land erwerben. Zusammen mit der Aufhebung des Zunftzwanges und der Einführung der allgemeinen Gewerbefreiheit 1810/11 soll diese Maßnahme die Entfaltung des Kapitalismus fördern. Bedeutsam ist auch das Emanzipationsgesetz vom März 1812, das den Juden die staatsbürgerlichen Rechte verschafft und sie allein noch aus dem höheren Militärdienst und von den höheren Beamtenstellen fernhält. Einschneidend fällt die Heeresreform 1813/14 aus, die u. a. das ungerechte und uneffektive Rekrutierungssystem durch die allgemeine Wehrpflicht ersetzt.

Eine hohe Priorität kommt der Reform des Bildungswesens zu, denn wer die Eigenverantwortlichkeit der Menschen stärken und sie für den Staat interessieren will, der kann dies nicht mit maroden Schulen erreichen.

Der Aufbau einer Bildungsverwaltung

Den auf Vorschlag Steins an ihn ergangenen Ruf des Königs nimmt Humboldt nach kurzem Zögern an. Am 20. Februar 1809 wird er zum Geheimen Staatsrat und Direktor der Sektion für Kultus und öffentlichen Unterricht im preußischen Innenministerium ernannt und macht sich zusammen mit seinen Mitarbeitern entschlossen an die Arbeit, seinen Teil zur Reform und Wiederaufrichtung des darniederliegenden preußischen Staates und zur Besserung der gesellschaftlichen Verhältnisse beizutragen. Den größten Teil des Jahres 1809 übrigens nicht in Berlin, sondern in Königsberg, wo der König noch immer sein Quartier aufgeschlagen hat.

Zuerst gilt es, eine effektive Schuladministration aufzubauen. Dazu hatte man 1808 die Zuständigkeit für das Schulwesen und die Universitäten aus dem Justizministerium herausgelöst, im Innenministerium die besagte Sektion gebildet und diese in zwei Abteilungen aufgeteilt: eine für den öffentlichen Unterricht, deren Leitung Humboldt selbst übernimmt, und eine für den Kultus, deren Leiter Georg Heinrich Ludwig Nicolovius wird. Die Schule soll sich aus der Vormundschaft der Kirche befreien, das ist der Sinn dieser Abteilungslösung. Zugleich wird damit ein altes Anliegen des bürgerlichen Liberalismus verwirklicht. Später wird noch das Medizinalwesen der Sektion Humboldts zugeschlagen werden. Für 1810 ist geplant, eine sogenannte Wissenschaftliche Deputation einzurichten mit der Aufgabe, wie Humboldt in seinen *Ideen zu einer Instruktion für die wissenschaftliche Deputation bei der Sektion des öffentlichen Unterrichts* im Spätjahr 1809 schreibt, der Sektion «diejenigen ihrer Arbeiten [abzunehmen], welche eine freiere wissenschaftliche Musse erfordern, und mitten unter den Zerstreuungen der laufenden Geschäfte nicht gedeihen können» (HW IV, S. 201). Eine Art wissenschaftliche Begleitung der Reformarbeit, wenn man so will. Ihre bekanntesten Mitglieder werden als Vorsitzender der Berliner Prediger Friedrich Schleiermacher, sodann der Gesprächspartner Humboldts aus früheren Tagen, der Altphilologe Wolf, sowie der Nachfolger Kants auf dessen Königsberger Lehrstuhl, Johann Friedrich Herbart, sein.

Schon im Dezember 1808 waren unterhalb der Sektionsebene bei den jeweiligen Provinzregierungen Deputationen für Cultus und öffentlichen Unterricht eingerichtet worden, die die Schulaufsicht ausüben und regionale Schulplanung betreiben sollen. Das scheint auch funktioniert zu haben, denn am 22. Juni 1810 wird ein Sektionsbericht an Karl August von Hardenberg, der inzwischen Staatskanzler – eine Art Premierminister – ist, *Über Reformen im Unterrichtswesen*, melden können, Pläne zur Verbesserung des Schulwesens seien «von einigen Provinzen … bereits eingelaufen» (HW IV, S. 297). Erst nach dem Ausscheiden Humboldts aus dem Amt, nämlich 1811, wird als Schlussstein des Ganzen an der kommunalen Basis noch die städtische Schuldeputation dazukommen. Seit dem ALR haben die Gemeinden die sächliche Schulträgerschaft inne. «Mehr ein inspicirendes, als selbst befehlendes [Organ]» (HW IV, S. 122) soll diese Deputation sein, wie Humboldt in einem Gutachten *Über städtische Schulbehörden* im Sommer 1809 ausführt.

Grundsätze der Schulreform

Als herausragende Dokumente des schulreformerischen Wirkens von Humboldt dürfen der *Königsberger und Litauische Schulplan* vom 27. September 1809 sowie der *Bericht der Sektion des Kultus und Unterrichts an den König* vom 1. Dezember desselben Jahres gelten. Der Schulplan, weil auf die Verhältnisse in Ostpreußen zugeschnitten, geht einerseits ins (lokale) Detail, argumentiert andererseits aber auch sehr grundsätzlich und bildungstheoretisch. Der Sektionsbericht dagegen umreißt das politische Wollen Humboldts.

So wird im Sektionsbericht zu den Absichten der Sektion knapp mitgeteilt: «Sie berechnet ihren allgemeinen Schulplan auf die ganze Masse der Nation» (HW IV, S. 217). Die von Humboldt konzipierte Schule wendet sich also ohne Ansehen des Standes an alle Heranwachsenden gleichermaßen – «sie bekümmert sich», wie es im Schulplan heißt, «um keine Kaste, kein einzelnes Gewerbe» (HW IV, S. 188) – und ist insofern eine Schule der «allgemeinen Menschenbildung». Zudem versieht sie die jungen Menschen mit dem, was «allen Ständen gleich nothwendig ist» (HW IV, S. 217), denn es gebe «schlechterdings gewisse Kenntnisse, die allgemein sein müssen, und noch mehr eine gewisse Bildung der Gesinnungen und des Charakters, die keinem fehlen darf» (HW IV, S. 218), wie der Sektionsbericht ausführt. Auch unter dem Gesichtspunkt der vermittelten Inhalte ist die Humboldtsche Schule also eine Schule der «allgemeinen Bildung».

Von dieser sind alle Schulen zu trennen, die aufs Besondere und Spezielle gerichtet, z. B. beruflich verwertbare Kenntnisse vermitteln. Sie folgen den Schulen allgemeinbildenden Charakters nach. Denn – wie es im Schulplan heißt: «Was das Bedürfnis des Lebens oder eines einzelnen seiner Gewerbe erheischt, muss abgesondert, und nach vollendetem allgemeinem Unterricht erworben werden. Wird beides vermischt, so wird die Bildung unrein, und man erhält weder vollständige Menschen, noch vollständige Bürger einzelner Klassen» (HW IV, S. 188). Hatte Humboldts dem Denken der Aufklärung verpflichteter Hauslehrer Campe in einer seinerzeit viel gelesenen Schrift noch die «Vollkommenheit des einzelnen Menschen seiner Brauchbarkeit aufopfern» wollen, sieht Humboldt das jetzt genau andersherum. Zudem, so Humboldt, erwerbe der Heranwachsende, habe er nur eine solide allgemeine Grundlegung seiner Bildung erfahren, «die besondere Fähigkeit seines Berufs nachher sehr leicht und behält immer die Freiheit, wie im Leben so oft geschiehet, von einem zum andern überzugehen» (HW IV, S. 218). Umgekehrt wäre es schwieriger, denn «fängt man … von dem besondern Berufe an, so macht man ihn [den jungen Menschen; FMK] einseitig, und er erlangt nie die Geschicklichkeit und Freiheit, die nothwendig ist, um auch in seinem Berufe allein nicht bloss mechanisch, was Andere vor ihm gethan, nachzuahmen, sondern selbst Erweiterungen und Verbesserungen vorzunehmen» (HW IV, S. 218). Ganz abgesehen davon, dass, wie die Erfahrung lehrt, «sich der künftige Beruf oft nur sehr spät richtig bei einem Kinde oder jungen Menschen bestimmen lässt» (HW IV, S. 218). Das ist ein weiteres Argument dafür, so zu verfahren, wie das Humboldt für die Sektion plant: «Die Section des öffentlichen Unterrichts lässt daher, so weit ihre Wirksamkeit reicht, die Spezial-Schulen … überall dem allgemeinen Unterricht nachfolgen und hütet sich, die Berufsbildung mit der allgemeinen zu vermischen» (HW IV, S. 219).

Wie man verschiedenen im Laufe des Jahres 1809 erstellten Gutachten entnehmen kann, stehen Humboldts Ideen nicht nur auf dem Papier der eben zitierten Dokumente. Er wendet sie im Alltag seiner Amtsführung bereits an. Aufgefordert, die militärischen Fachschulen zu begutachten, die Jungen ab zwölf Jahren aufnehmen, welche eine Laufbahn im Heer anstreben, kritisiert Humboldt in seiner Stellungnahme *Über Kadettenhäuser* den Mischcharakter dieser Schulen und plädiert, weil «die Bildung in ihnen nothwendig einseitig» sei (HW IV, S. 90), für deren Auflösung. Die jungen Leute sollen besser ein Gymnasium besuchen, bevor sie sich der militärischen Ausbildung widmen. Als eine Standesschule für junge Adelige in Schlesien in eine landwirtschaftliche Fachschule umgewandelt werden soll, nimmt Humboldt dies zwar widerstrebend hin, besteht aber in seinem Gutachten *Über die Liegnitzer Ritterakademie* darauf, «dass die Ritter-Akademie zugleich allgemeines Unterrichts- und landwirthschaftliches Institut seyn soll» (HW IV, S. 142), und der Unterricht «so gut wie auf einem Gymnasium» (HW IV, S. 145) sein müsse.

Wenn Humboldt von «stufenartig verschiedenen Schulen» (HW IV, S. 217) spricht, die es einzurichten gelte, dann ist damit allerdings nicht allein die eben skizzierte Abfolge von zuerst den allgemeinen und darauf fußend den beruflichen Schulen gemeint. Auch die allgemeinbildenden Schulen selbst denkt Humboldt sich in einem gestuften Verhältnis zueinander. Genauer: Humboldts Schule ist so etwas wie eine nationale Einheitsschule, in der alle Heranwachsenden «stufenweise» voranschreiten, und «der Grad der Ausbildung, den jeder erlangt», soll «nur von der Zeit abhängen, die er in der Schule zubringt, und der Klasse, die er darin erreicht» (HW IV, S. 219).

Die Elementarschule

Was es bislang gibt, ist ein Wildwuchs an Elementar-, Garnisons-, Armen-, Winkel-, Schreib- oder Industrieschulen höchst unterschiedlicher Leistungsfähigkeit, vielfach privat betrieben, selten behördlich genehmigt, so gut wie nie überwacht, und wenn, dann nur vom örtlichen Pfarrer. Auf dem Land fehlen Schulen meist ganz, höchstens die Hälfte aller Kinder besucht eine Schule. Alles in allem befindet sich das niedere Schulwesen in einem «verwahrlosten Zustande» (Humboldt). Halbherzig unternommene Versuche, daran etwas zu ändern, haben bislang kaum etwas erbracht.

In Humboldts einheitsschulischem Konzept haben als Erstes die höheren Schulen ihre Vorklassen aufzugeben. Deren Funktion übernimmt die Elementarschule. Humboldt ist klar, würde man nicht so verfahren, würden die neuen Elementarschulen nur wieder von den Kindern der Armen besucht und «bald als Volksschulen im verächtlichen Sinne des Wortes angesehen» (HW IV, S. 174). Sodann gilt es, den Unterricht zu verbessern.

Immerhin bietet sich mit der ab 1800 breit rezipierten Elementarmethode des Schweizer Pädagogen Johann Heinrich Pestalozzi erstmals die Chance, das Unterrichten in den Elementarschulen auf eine methodisch sichere Grundlage zu stellen. Die Erwartungen sind hoch. Kein Geringerer als der Philosoph Fichte empfiehlt in seinen «Reden an die deutsche Nation» (1808) Pestalozzis Methode. In den ersten beiden von Humboldt verantworteten *Generalverwaltungsberichte[n] der Sektion für den Kultus und öffentlichen Unterricht* vom Februar und März 1809 wird die «Absendung zweyer jungen Männer nach dem Pestalozzischen Institut in Yverdon» (HW IV, S. 3) erwähnt, wo sie vom Meister persönlich in der Methode unterwiesen werden sollen. Im *Generalverwaltungsbericht der Sektion Mai und Juni 1809* hat sich deren Zahl bereits auf zwölf erhöht (HW IV, S. 50). Aber auch im Lande selbst will man sich ein Bild machen. Der König veranlasst deshalb, dass ein Ruf an den aus Württemberg stammenden Pädagogen Carl August Zeller ergeht, der als ausgewiesener Fachmann in der Elementarmethode gilt. In Berlin nimmt das Plamannsche Institut seinen Betrieb auf, in dem nach Pestalozzis Methode gearbeitet werden soll.

Mit seinem Amtsantritt stellt sich auch Humboldt hinter die Pestalozzische Methode (wie er überhaupt mit einigen seiner Reformideen auf Vorarbeiten zurückgreift, die er bei Amtsantritt vorgefunden hat). Seinen Sohn schickt Humboldt auf das Plamannsche Institut. Auch wenn er dessen Lautierübungen anfangs als äußerlich kritisiert hatte, begrüßt Humboldt Pestalozzis Absicht, eine sorgfältige Sprachpflege zum Ausgangspunkt aller elementaren Bildung zu machen. Humboldt sieht hier seine eigenen Vorstellungen von der Bildungsbedeutung des artikulierten Sprechens realisiert. Im Sektionsbericht vom Dezember 1809 wird über viele Seiten hinweg das Modellinstitut beschrieben und hochgelobt, das Zeller im September 1809 in Königsberg eröffnet hatte, um dort die Methode anzuwenden und weiterzuentwickeln. Humboldt verschafft sich anlässlich mehrerer Besuche einen persönlichen Eindruck von der Arbeit Zellers. Im Sektionsbericht wird geschildert, wie die Kinder mittels grundlegender Elementarisierung erstmals das Lesen und

Schreiben erlernen, wie sie Zahlen, Mengen und Größenverhältnisse unterscheiden können, wie sie zeichnen und Stimme und Gehör mittels Gesang bilden, wie das Stillsitzen von kleinen Handwerksarbeiten, von Arbeiten im Garten und Leibesübungen unterbrochen wird, wie auch das Religiöse zur Anregung der Moralität nicht zu kurz kommt, wie die Älteren die Jüngeren unterrichten, wie den Kindern kleine Ämter übertragen werden usw.

Im Mittelpunkt des Unterrichts stehen nicht, wie in der alten Schule, Lehrgegenstände, die, unverstehbar und unverstanden, mit der Welt der Kinder nichts zu tun haben und deshalb einfach eingepaukt werden. Jetzt geht es um die Einsicht in die Gründe, die Erkenntnis des Wesentlichen und darum, das Lernen in die eigene Hand zu nehmen. Ein wichtiger Aspekt, weil, was Humboldt natürlich bewusst ist, die meisten jungen Menschen kaum mehr als einen Elementarunterricht erhalten werden, um danach «unmittelbar ins Leben über[zu]gehen» (HW IV, S. 169). Sie bedürfen also grundlegender Fähigkeiten, die sie ein Leben lang tragen und zum Weiterlernen befähigen. Im Ergebnis jedenfalls soll die neue Methode dazu führen, dass – am Beispiel des Rechnens erläutert – «der Schüler der neuen Lehrart» «sich überall zu helfen [weiß]», «weil er nichts eigentlich auswendig gelernt, sondern die Kraft erlangt hat, die wirklichen Zahlenverhältnisse einzusehen» (HW IV, S. 224).

Für 1810 ist geplant, mehrere Dutzend Schulinspektoren, Dorfpfarrer und Lehrer nach Königsberg kommen zu lassen, um dort bei Zeller das Unterrichten nach der Pestalozzischen Methode kennenzulernen. Ihre neu gewonnenen Kenntnisse sollen diese Leute hernach im Land verbreiten. Bis zu 1000 Lehrer glaubt Humboldt auf diese Weise weiterbilden zu können. Auch sollen die Schüler des Zellerschen Instituts später Landschullehrer werden und so die an ihnen angewandte Methode bis in die letzte Dorfschule tragen. Humboldt hat richtig erkannt, dass Grundlage jeder Reform des Elementarschulwesens eine vernünftige Lehrerbildung sein muss. Um diese auf eine sichere Grundlage zu stellen, sollen im Laufe der Zeit in allen Provinzen des Königreichs die alten Schulmeisterschulen, Stätten, an denen die angehenden Lehrer bislang sehr notdürftig das Unterrichten mittels Abschauen und Nachmachen zu lernen versucht hatten, durch Seminare ersetzt werden, in denen die Pestalozzische Methode vermittelt wird.

Die Höhere Schule

Von dem Ziel, das Humboldt den «gelehrten Schulen» im Schulplan vorgibt, nämlich «die Uebung der Fähigkeiten, und die Erwerbung der Kenntnisse, ohne welche wissenschaftliche Einsicht und Kunstfertigkeit unmöglich ist» (HW IV, S. 169), zu ermöglichen, sind die meisten dieser Schulen weit entfernt. Die Bandbreite reicht von zahlreichen kleinen Lateinschulen, die notdürftig ein paar Klassen zusammenbringen, über ein buntes Vielerlei an Rats-, Bürger- und Trivialschulen bis hin zu den wenigen großen Gymnasien, deren Lehrangebot sich mit dem der Artistenfakultät der Hohen Schulen (vgl. Kap.6) überschneidet. Auch die Trägerschaft ist vielfältig, weil sowohl der Staat, als auch Private, die Kommunen und die Kirchen höhere Schulen unterhalten. Diese Heterogenität gilt es zu beseitigen, was bedeutet, dass die Mehrheit der Schulen allererst auf ein akzeptables Niveau zu heben ist. Zudem muss ein eigenständiger, in der Herstellung einer allgemeinen Studierfähigkeit gipfelnder gymnasialer Bildungsauftrag entwickelt werden, um damit eine scharfe Grenze zur Universität ziehen zu können. Diesem Ziel versucht sich Humboldt auf unterschiedlichen Wegen zu nähern.

Zum einen soll es künftig ein verbindliches Curriculum geben. Allerdings geht Humboldt hier nicht ins Detail, sondern beschränkt sich darauf, die Grundlinien zu bestimmen. Wie schwer Humboldt sich in der Bestimmung von Bildungsinhalten, also hinsichtlich der materialen Seite der Bildung, getan hat, ist ja bereits bekannt (s. Kap.4). So beschränkt er sich im Schulplan auf die Nennung von drei thematischen Kristallisationskernen des höheren Unterrichts: den «linguistischen, den historischen und mathematischen» (HW IV, S. 170), wobei er dem Erstgenannten ein besonderes Gewicht beimisst. Immerhin ist es die Sprache, die, wie Humboldt später in seinen sprachwissenschaftlichen Arbeiten darlegen wird (s. Kap.8), die Aneignung von Welt bewirkt und damit Bildung allererst möglich macht.

Vorrangiges Ziel des Sprachunterrichts soll es nicht sein, praktische Kompetenz in der fremden Sprache zu vermitteln, so wie in den alten Gelehrtenschulen Griechisch gelernt wurde, damit die angehenden Theologen das Neue Testament lesen konnten. Das wäre Berufsvorbereitung, nicht allgemeine Bildung. Und so hebt Humboldt auf einen anderen Aspekt ab, denn «wenn man auch die Sprache selbst wieder vergisst», kann ihr Studium doch «zur Schärfung des Verstandes, zur Prüfung des Urtheils und zur Gewinnung allgemeiner Ansichten immer und auf die ganze Lebenszeit nützlich und schätzbar» (HW IV, S. 220) sein. Das ist das schon aus den bildungstheoretischen Überlegungen Humboldts bekannte formale Argument, das er jetzt auf das Sprachenlernen anwendet. In seinem *Gutachten über die Organisation der Ober-Examinations-Kommission* vom 8. Juli 1809 beschreibt Humboldt «das Formale der Intellectualität» in Wendungen wie «schnelles Auffassen», «Gewandtheit» usw. (HW IV, S. 82, 85). Dies alles – und nicht zuletzt eine allgemeine «Sprachfertigkeit» als Element des Formalen – vermittelt das Studium der Sprache. An welcher Sprache aber ist dieses Formale am besten zu üben? Die lebenden fremden Sprachen kommen nicht infrage, da wäre man wieder sehr nah am Aspekt der Nützlichkeit. Aber ließe sich nicht ganz einfach die Muttersprache dafür hernehmen? Im Schulplan schließt Humboldt diese Möglichkeit aus. Das formale Lernen geschehe «besser an einer todten, schon durch ihre Fremdheit frappirenden, als an der lebendigen Muttersprache» (HW IV, S. 176). Dabei ist es Humboldt ein Anliegen, die für die bisherigen höheren Schulen typische Dominanz des Latein zurückzudrängen, um dafür aus Gründen, die wohl kaum einer Erläuterung bedürfen (s. Kap.3), das Griechische in den Lehrplan aufzunehmen. Im neuhumanistischen Gymnasium sollen beide alten Sprachen gelernt werden, jedenfalls den Anfangsgründen nach. Hebräisch ist fakultativ.

Die Mathematik schätzt Humboldt in ihrer Funktion als Verstandesschulung, «zur Vorübung des Kopfes zur reinen Wissenschaft» (HW IV, S. 261), wie er schreibt, nicht etwa als Grundlegung naturwissenschaftlicher oder technischer Lehrinhalte, die in Humboldts Bildungsplan keine Rolle spielen. Dafür legt er Wert auf den gymnastischen und den musisch-ästhetischen Unterricht.

Die Schüler können zwar Schwerpunkte setzen, dürfen aber keinen der Lerngegenstände ganz ignorieren, andernfalls wäre ein wichtiges Prinzip des Humboldtschen Bildungsdenkens gefährdet, die Forderung nach der harmonischen Ausbildung aller Kräfte. In diesem Zusammenhang fallen im Schulplan auch die berühmten, bis heute immer wieder zitierten und natürlich nicht wörtlich zu nehmenden Sätze: «Auch Griechisch gelernt zu haben könnte … dem Tischler ebenso wenig unnütz seyn, als Tische zu machen dem Gelehrten» (HW IV, S. 189).

Sodann muss, wie schon im Elementarbereich, die Lehrerbildung auf neue Grundlagen gestellt werden. Das Lehrpersonal der höheren Schulen rekrutiert sich bislang aus Theologen, die die Wartezeit auf eine freiwerdende Pfarrstelle mit dem Schulehalten überbrücken, das deshalb nur als eine vorübergehende Tätigkeit gilt, die man schnellstmöglich hinter sich lassen möchte. In den katholischen Kollegien lehren ebenfalls Theologen, nämlich Angehörige der Schulorden, häufig Jesuiten. Der Prozess der Herausbildung eines eigenständigen Lehrerstandes für die höheren Schulen, wie er sich schon ausgangs des 18. Jahrhunderts abzeichnet, wird von Humboldt nachdrücklich unterstützt. Das Gymnasium braucht keine Theologen, sondern Lehrer, die in den von Humboldt genannten Fachgebieten beschlagen sind. Nicht mehr der Theologe, sondern der Philologe, der die Fächer vertritt, die das Konzept der allgemeinen Bildung repräsentieren, soll Erzieher der Jugend sein. Um die Herausbildung dieses neuen Standes abzuschließen, greift Humboldt zu einem Mittel, das er auch bei anderen Gelegenheiten anwendet, um seine Reformpläne umzusetzen: zum Mittel der Etablierung eines modernen Prüfungswesens (s. u.).

Schließlich betreibt Humboldt Schulentwicklung mittels der gezielten Förderung ausgewählter Schulen, um sie so zu Modellschulen werden zu lassen Hier machen sich die Mitglieder der Sektion nützlich, indem sie diese Schulen immer wieder «visitieren». Des Weiteren werden Leitungspositionen an Schulen gezielt vergeben, sieht Humboldt doch in den Schulleitern Triebfedern der Schulentwicklung, denen er folglich auch größtmögliche Freiräume gewährt sehen will: «Den Rectoren in allen Sachen des Unterrichts und der Disciplin, soviel als möglich, freie Hand zu lassen und ihnen in ihrem Wirkungskreis eine große Autorität zu erhalten, ist das kräftigste Mittel, die Schulen zu heben» (HW IV, S. 125).

Das Prüfungswesen

Prüfungen sind im Schulwesen bislang so gut wie unbekannt. Nur durch permanente externe Kontrollen jedoch, glaubt Humboldt das Niveau des Schulehaltens nachhaltig steigern zu können.

Die Prüfung der Schülerleistungen betrifft nur die Schüler der höheren Schulen. Jeder, der in eine höhere Schule wechseln will, soll sich einer Aufnahmeprüfung unterziehen müssen. Im Gymnasium soll das Vorrücken von einer Klasse in die nächst höhere vom Bestehen einer Prüfung abhängig gemacht werden. Besonders bedeutsam ist die Verschärfung der Abitursprüfung, mit deren Hilfe die von Humboldt erstrebte allgemeine Studierfähigkeit festgestellt und gesichert werden soll. Ein erstes Abiturreglement war bereits 1788 erlassen worden, aber wenig wirksam geblieben, denn es verpflichtete nur diejenigen jungen Leute, die ein Stipendium erlangen wollten. Es überrascht daher nicht, wenn im August

1809 im *Generalverwaltungsbericht der Section* zu lesen ist: «Eines der grössten Gebrechen unsers Schulwesens ist die Nachlässigkeit bei den Prüfungen der von den gelehrten Schulen zur Universität abgehenden jungen Leute» (HW IV, S. 136). Humboldt plant nun, dieses Abiturreglement auf alle Universitätsaspiranten auszudehnen. Wer die Schulentlassprüfung nicht besteht und also zu einem Studium ungeeignet ist, soll künftig keine Universität mehr besuchen dürfen. An die Stelle eines Standesprivilegs, was der Universitätsbesuch bisher war, soll das Prinzip der persönlichen Befähigung treten. Im Humboldtschen Sinne geeignet ist, wer das Curriculum des Gymnasialunterrichts erfolgreich durchlaufen und dabei gelernt hat, sich Wissen selbstständig anzueignen. «Der Schüler ist reif, wenn er so viel bei andern gelernt hat, dass er nun für sich selbst zu lernen im Stande ist» (HW IV, S. 170).

Aber auch die Lehrer sollen möglichst nicht mehr ohne eine Probe ihrer Fähigkeiten abgelegt zu haben, vor eine Klasse treten. «Keiner kann Schule halten, der nicht bei der geistlichen und Schuldeputation geprüft ist» (HW IV, S. 185), heißt es im Schulplan – und das soll für die Elementarschulen wie die höheren Schulen gleichermaßen gelten. Auf diese Weise hofft Humboldt «das Eindrängen und Vorkommen mittelmässiger und schlechter Schullehrer ... verhindern und bessere an ihre Stelle ... setzen» (HW IV, S. 228) zu können. Auch wer in derselben Schule auf eine besser dotierte Stelle gelangen will, muss zuvor einer Kommission sein Können beweisen. Übrigens sollen diese Prüfungen auch den Lehramtsaspiranten selbst dienen. Humboldt möchte sie nämlich unabhängiger machen von den städtischen Magistraten und den Patronatsherren, die bislang willkürlich, häufig unter Absehung von Leistungskriterien, die Einstellung der Lehrkräfte entschieden haben. Ein Anfang mit den Berufseignungsprüfungen soll im höheren Lehramt gemacht werden. Humboldts Gutachten *Über Prüfungen für das höhere Schulfach* (HW IV, S. 241ff.) vom 11. April 1810 zufolge sollen sich künftig ausnahmslos alle angehenden Gymnasiallehrer, bevor sie um eine Stelle nachsuchen dürfen, einer Prüfung unterziehen. Ausnahmen soll es nur noch für Lehrer an Privatschulen und Hauslehrer oder solche geben, die bereits einen Doktortitel erworben haben. Die Kandidaten können entscheiden, ob sie in allen oder nur in ausgewählten Unterrichtsfächern geprüft werden wollen. In dem Gutachten werden auch «Probelectionen» erwähnt, die von den Bewerbern zu halten sind.

Schließlich sollen sich auch die Schulen selbst einer Überprüfung ihrer Leistungsfähigkeit stellen müssen. Das beginnt ganz unten: «Alle so genannten Winkelschulen müssen aufhören», schreibt Humboldt im

Schulplan, «und jetzt gleich muss eine allgemeine Visitation vorgenommen werden, um die nützlichen der bisherigen Schulen dieser Art förmlich zu genehmigen, die anderen zu unterdrücken» (HW IV, S. 185). Das oben erwähnte Durcheinander an niederen Schulen soll nicht zuletzt auf diese administrative Weise beseitigt werden. Aber auch die künftigen Gymnasien sollen nicht ungeprüft bleiben. Der Hebel, den man hier ansetzt, ist das Abitur. Im *Generalverwaltungsbericht der Section* wird im August 1809 geklagt, «dass der Titel gelehrter Schulen und das Recht zur Universität zu dimitieren Schulen verstattet worden ist, welche, schon ihrer kärglichen Dotirung wegen, nicht darauf Anspruch zu machen im Stande sind» (HW IV, S. 136). Das soll sich ändern. Künftig sei «grössere Strenge bei jenen Prüfungen und Verminderung der gelehrten Schulen … ein Hauptaugenmerk der Section» (HW IV, S. 136). Nur noch die leistungsfähigsten höheren Schulen sollen Gymnasien sein und das Abitur abnehmen dürfen. Als erster von mehreren Schulen, die noch folgen sollten, wird einer Schule im ostpreußischen Angerburg nach eingehender Begutachtung des dort erteilten Unterrichts das Recht, «sich als gelehrte Schule zu geriren» (HW IV, S. 136), aberkannt, mit der Folge, dass diese Schule sich nicht Gymnasium nennen und kein Abitur mehr vergeben darf (HW IV, S. 229). Es ist die 1810 eingerichtete Wissenschaftliche Deputation, die sich entgegen ihres ursprünglich viel weiter gefassten Auftrags ganz auf die Erstellung von Prüfungsordnungen konzentriert, weswegen sie folgerichtig 1816 in eine wissenschaftliche Prüfungskommission überführt wird.

Erfolg oder Scheitern?

Wenn es ein Anliegen der Reformer ist, den Staat zu reformieren und den Umbau der Ständegesellschaft zu beschleunigen, dann bleibt vieles Stückwerk: Das Selbstwaltungsrecht der Städte kann nicht auf die ländlichen Gemeinden ausgedehnt werden; die wenigsten Bauern werden Eigentümer ihres Landes, hätten sie in diesem Fall doch ruinöse Kompensationszahlungen an die alten Grundherren zu leisten; die Judenemanzipation wird nicht auf die nach 1813 wiedergewonnenen polnischen Gebiete ausgedehnt, obwohl gerade dort sehr viele Juden leben; der Staatsrat wird zwar im Oktober 1810 eingerichtet, tritt aber nicht in der von Stein geplanten Form als Entscheidungs-, sondern nur als Beratungsorgan und ohnehin bis 1817 überhaupt nicht zusammen. Anderes wird gar nicht erst versucht. Eine zeitgemäße Verfassung etwa, die den

Bürgern mehr Mitwirkungsrechte gebracht hätte, kommt trotz gegenteiliger Versprechungen des Königs nicht zustande (s. Kap.7). Vielleicht hätte mehr erreicht werden können, wäre der Freiherr vom Stein nicht schon im November 1808 auf Druck Napoleons abberufen worden. Sein Ausscheiden aber verschafft der Adelsopposition, die für ein Ende der Reformpolitik eintritt, Rückenwind. Vollends erlahmt die Reformbereitschaft, nachdem sich die Lage auf den Schlachtfeldern zugunsten Preußens gedreht hat und der politische Schulterschluss mit den konservativen Mächten Russland und Österreich gesucht wird.

Im Zeitalter der Reaktion gehen auch die Bildungsreformen unter. Wie sehr sich das Klima geändert hat, zeigt exemplarisch ein von dem Humboldt-Mitarbeiter Johann Wilhelm Süvern 1819 vorgelegter Gesetzesentwurf, der noch einmal die wichtigsten Elemente der Humboldtschen Reform zur Geltung zu bringen versucht, darunter vor allem den Einheitsschulgedanken und die horizontale Stufung des Schulwesens. Er hat keine Chance angenommen zu werden. Die Idee der allgemeinen Bildung, wie sie Humboldt vertreten hatte und wie sie auch dem Süvernschen Entwurf zugrunde liegt, wird jetzt rundweg abgelehnt. Standesbildung ist wieder gefragt. Statt eines horizontal gestuften Schulwesens entsteht ein vertikal versäultes Schulwesen.

Humboldt trägt aber auch selbst dazu bei, dass nur weniges so wie geplant realisiert werden kann. So ist er immer wieder bereit, Zugeständnisse zu machen. Er lässt etwa gelten, dass von Anfang an eine Scheidung der Kinder nach den finanziellen Möglichkeiten ihrer Eltern stattfinden wird. Hinsichtlich der Elementarschulen akzeptiert Humboldt, dass nicht alle Kinder eines Ortes jeweils dieselbe Schule besuchen werden. Es werde, beruhigte er, «keinem Stand …. an einer zu seiner Ausbildung bestimmten Unterrichtsanstalt mangeln» (HW IV, S. 219). Und weil er glaubt, dass nicht überall seine Vorstellungen von einem modernen Gymnasium durchzusetzen sind, akzeptiert er, dass «kleinere Städte, die nicht grosse bis zur Universität führende gelehrte Schulen haben können, Anstalten besitzen, auf denen nur ein Theil des Unterrichts der eigentlich gelehrten Schulen ertheilt wird» (HW IV, S. 219). Diese Progymnasien werden vielerorts zum Normalfall, nicht die Vollform des Gymnasiums. Hinzu kommt der schnelle Abschied aus dem Amt, der zeigt, dass für Humboldt die eigene Befindlichkeit schwerer wiegt als sein reformerisches Wollen. Den Wunsch, die Sektionsleitung abzugeben, äußert Humboldt mitten in den Arbeiten am neuen Abiturreglement, das deshalb erst 1812 vom Nachfolger, Kaspar Friedrich von Schuckmann, einem Konservativen, in Kraft gesetzt wird. Ein «Maturitaetszeugnis» macht Schuckmann nur jenen zur Auflage, die später eine Beamtenlaufbahn einschlagen wollen.

Zudem unterliegt Humboldt in manchem schlicht einer Fehleinschätzung. So lässt sich etwa der Staat aus der einmal errungenen Machtposition nicht mehr verdrängen, sondern wird sich, anders als von Humboldt gedacht, dauerhaft als Akteur im Bildungswesen etablieren. Bekanntlich hatte Humboldt 1792 in seiner «Ideen»-Schrift apodiktisch festgestellt «öffentliche Erziehung» habe «ganz ausserhalb der Schranken zu liegen, in welchen der Staat seine Wirksamkeit halten muss» (HW I, S. 109). An seiner Meinung, wonach der Staat «nur dahin zu streben hat, bloß negativ zu wirken» (HW IV, S. 98), hält er zwar, wie dieses Zitat aus einigen kurzen Bemerkungen Humboldts *Über den Entwurf zu einer neuen Konstitution für die Juden* von 1809 zeigt, im Grundsatz fest. Dagegen liege die zu kritisierende Absicht der Verwaltung, die Juden erst zu guten Bürgern zu erziehen, bevor man ihnen die volle rechtliche Gleichstellung gewähre, nur wieder «in dem System, dass der Staat überall positiv wirken soll» (HW IV, S. 103). In Bildungsfragen ist Humboldt jetzt aber bereit, eine Ausnahme zuzulassen. Weil dies die Gesellschaft (die «Nation») noch nicht leisten kann, muss der Staat die Bildung der künftigen Staatsbürger besorgen. Doch das soll nur vorübergehend so sein. Am Ende der Reformen, wenn «die Section ihren Zweck erreicht hätte», sei der Zeitpunkt gekommen, «in dem sie ihr Geschäft gänzlich in die Hände der Nation niederlegen [muss]» (HW IV, S. 47). Möglicherweise erinnert sich Humboldt an dieser Stelle an seine frühe Lektüre Burkes, denn er nennt England als Vorbild, wo sich der Staat ganz aus dem Schulwesen heraushalte (und Schule tatsächlich erst durch den education act von 1870 zur Staatsangelegenheit werden wird). In Preußen allerdings werden die Schulen endgültig zu «Veranstaltungen des Staates», was sie formell übrigens schon längst sind, nämlich seit dem ALR, dem diese Formulierung entnommen ist.

Was sind also, nüchtern betrachtet, die Ergebnisse der kurzen Amtszeit Humboldts? Bezüglich des Elementarschulwesens bleibt es Humboldts Verdienst, dessen Reform endgültig auf die politische Agenda gehoben zu haben. Zwar wird die Anwendung der Pestalozzischen Elementarmethode aufgegeben, weil man ihre Erfolge fürchtet; zwar wird der alte Kanon einer volkstümlichen Bildung rund um Bibel, Katechismus und einige wenige praktische Kenntnisse wiederbelebt. Doch die Suche nach angemessenen Unterrichtsmethoden geht weiter, Schulen werden in großer Zahl gegründet und annehmbar ausgestattet, die Schulbesuchspflicht wird weitgehend durchgesetzt, die Analphabetenquote geht schnell zurück. Mitte des Jahrhunderts hat die Volksschule, wie die Elementarschule jetzt heißt, in Preußen ein Niveau erreicht, das international gesehen respektabel ist. Nicht zuletzt trägt die von Humboldt initiierte Einrichtung vieler gut arbeitender Lehrer(innen)seminare zu diesem Erfolg bei, wenn diese Seminare auch – wie überhaupt das Volksschulwesen – konfessionell organisiert sind, was den Intentionen Humboldts widerspricht. Nach und nach setzen sich auch im Volksschullehramt Prüfungen anstelle des ungeregelten und willkürlichen Zugangs zum Beruf durch. Die Wurzeln eines selbstbewussten, sich professionalisierenden Volksschullehrerstandes reichen auf diese Weise in die Zeit der Amtstätigkeit Humboldts zurück.

Das Gymnasium trägt, jedenfalls der äußeren Erscheinung zufolge, noch am ehesten die Spuren Humboldtschen Wirkens, auch wenn vor allem Süvern vollendet, was nach dem Abgang Humboldts noch vollendet werden kann. Süvern schreibt den Text der von Humboldt skizzierten Prüfung für das höhere Lehramt und sorgt dafür, dass dieser am 12. Juli 1810 vom König per Edikt in Kraft gesetzt wird: das examen pro facultate docendi, mit dem ein neuer Berufsstand, der des Gymnasiallehrers, geboren ist. Süvern ist es auch, dem es 1812/1813 gelingt, in verschiedenen Instruktionen die Grundlinien des künftigen humanistischen Gymnasiums – v. a. Lehrplan und Fächerstruktur betreffend – festzulegen. Alle semiuniversitären Lehrinhalte sind aus dem Curriculum getilgt. Die Abiturprüfung muss zwar bis 1834 (drittes Abiturreglement) nicht bestanden worden sein, um ein Universitätsstudium aufnehmen zu dürfen, aber sie muss von den angehenden Studiosi wenigstens absolviert werden. Auch wird erst 1837 ein verpflichtender Lehrplan für die Gymnasien erstellt. Wichtig aber ist: Die Vereinheitlichung des höheren Schulwesens und dessen qualitative Niveauanhebung kann auf Dauer gestellt werden. Was Humboldt begonnen hat, das wird sich durchsetzen: Alle Schulen, die vollberechtigte Gymnasien sein wollen, müssen nachweisen, dass sie die nötige Anzahl an Klassen zusammenbringen, alle Fächer anbieten können und nur geprüfte Philologen als Fachlehrer einsetzen. Aus den Schulen, die das nicht schaffen, sowie den lateinlosen Bürgerschulen, den Gewerbe- und Realschulen wird sich in den folgenden Jahrzehnten das mittlere Schulwesen formieren. Sieht man davon ab, dass das Gymnasium seine eigenen Vorschulen behält, was dem Einheitsschulgedanken Humboldts sichtbar widerspricht, wird das neuhumanistische Gymnasium für lange Zeit seine unter Humboldt (und seinen Mitarbeitern) gewonnene Gestalt kaum verändern. Dem Geiste nach ist es zwar nie, wie von Humboldt projektiert, eine Schule der allgemeinen Menschenbildung gewesen. Gleichwohl hat sich das preußische Gymnasium als Schule des sozialen Aufstiegs erwiesen und sich auch jungen Leuten kleinbürgerlicher Herkunft geöffnet.

Literatur

Menze, Clemens (1975): Die Bildungsreform Wilhelm von Humboldts. Hannover u. a.: Hermann Schroedel Verlag.

Die Gründung der Universität Berlin

Besonders eng ist Humboldt mit der Gründung der Berliner Universität verbunden, weshalb diese heute seinen Namen trägt (Humboldt-Universität zu Berlin). Humboldt entwickelt das Konzept einer Universität, die nichts mehr mit der alten Einrichtung desselben Namens zu tun haben soll. Wissenschaft als produktiver Prozess, Einheit von Forschung und Lehre, Einsamkeit und Freiheit sind bis heute bekannte Schlagwörter, die dieses Konzept umreißen.

Humboldt hat zwar keine Schule, wohl aber zwei Universitäten besucht. Zudem unterhielt er während seines Aufenthaltes in Jena enge Kontakte zur dortigen Alma Mater. Auch wenn Humboldt eine Universitätslaufbahn nie angestrebt, sondern die ungebundene Existenz des Privatgelehrten vorgezogen hat, weiß er also aus eigener Anschauung, wie es um die Universitäten in Deutschland steht, als er mit der Leitung der Sektion für Kultus und Unterricht auch die Zuständigkeit für die Universitäten und Akademien in Preußen übernimmt.

Zur Lage der Universität in Deutschland um 1800

Seit dem Ende des 17. Jahrhunderts galten die meisten Hohen Schulen als verfallen. Unfähige Professoren, deren Lehre sich auf das Vorlesen aus den immer gleichen Büchern, die sie nicht selbst verfasst hatten, beschränkte; veraltete Inhalte; unreife, rüpelhafte Studenten – das war das Bild, das die meisten Universitäten in Deutschland boten. Ihre Bedeutung für den wissenschaftlichen Fortschritt hatten sie längst verloren, und den Anforderungen an eine zeitgemäße Ausbildung entsprachen sie ebenfalls nicht. Manche waren schlechter als gute Gymnasien. In den Ritterakademien hatte sich der Staat des Absolutismus eine Alternative geschaffen, um den notwendigen Bedarf an qualifizierten Fachkräften zu decken. Forschung wiederum fand an den neu gegründeten Akademien statt, wie nach Plänen des Philosophen Leibniz im Jahr 1700 auch in Berlin eine entstanden war. Wer als Professor etwas auf sich hielt, der

bot gegen Bezahlung außerhalb der Universität Privatkollegs an. Viele
Zeitgenossen plädierten deshalb für die Abschaffung der Universitäten, darunter in Preußen der Justizminister von Massow, dem, seit 1798
Nachfolger Wöllners, auch die Universitäten unterstanden. Die Aufgaben der Universitäten sollten Fachschulen übernehmen, die sich den immer wichtiger werdenden empirischen Disziplinen und einer praxisna-
hen Berufsausbildung verschrieben hatten. Vor allem in Frankreich waren solche Fachschulen im Begriff, die alten Universitäten zu verdrängen.
Aber auch in Deutschland gab es sie. Allein in Berlin finden wir: eine
Fachschule für Militärärzte, das Collegium Medico-Chirurgium (1724);
eine Bergakademie (1770); eine «Tierarzneyschule» (1790); eine Fachschule zur Ärzteausbildung, die «Pepinière» (1795); eine Bauakademie
(1799); eine Militärakademie (1804); ein Ackerbauinstitut (1806). Des
Weiteren kann man das königliche Naturalienkabinett, die königliche
Bibliothek, verschiedene naturwissenschaftliche Laboratorien, mit der
«Charité» ein Spital, den botanischen Garten, die Sternwarte und das
anatomische Museum nennen. Auch dies Einrichtungen, die neben der
Forschung Lehrzwecken dienten.

Andere Stimmen jedoch sprachen für die Universitäten. Zwar sollten sie gründlich reformiert, aber nicht abgeschafft werden. Immerhin
konnte man in Preußen auf die Neugründungen in Halle (1694) und
in Erlangen (1743) verweisen. Außerhalb Preußens war mit Göttingen
(1737) eine moderne Universität entstanden. Gegen Ende des 18. Jahrhunderts hatte mit der Universität Jena sogar eine alte und traditions-
reiche Hochschule gezeigt, dass die Institution Universität zum Wandel
fähig war. Nahezu alles, was Humboldt später für Berlin planen sollte,
ist an diesen genannten Universitäten neuen Typs, an denen die herausragenden Gelehrten ihrer Zeit wirkten und die in puncto Forschung den
Akademien die Stirn zu bieten vermochten, bereits verwirklicht worden:
die Professoren lehrten, was sie selbst erforscht hatten; die Freiheit der
Lehre und des Forschens war garantiert; das Fächerspektrum wurde er-
weitert; die alte Artistenfakultät veränderte ihren Charakter. Diese Universitäten bewiesen, dass die Universität nicht ein Ort der Tradierung
kanonisch gewordenen Wissens unter Aufsicht orthodoxer Theologen
sein musste, sondern der schöpferischen Suche nach neuen Erkenntnis-
sen dienen konnte.

Universitätspläne in Preußen

Unter dem Einfluss des Neuhumanismus gewinnen in Preußen jene Stimmen an Gewicht, die sich vom Beispiel Halles, Erlangens und Göttingens überzeugen lassen. Die fachschulische Lösung wird als utilitaristisch verworfen. Es komme vielmehr darauf an, die Universität als Ort des grundlegenden Reflektierens und der philosophischen Tiefe zu erhalten. Eine Rolle mag auch spielen, dass die Fachschulen als französische Erfindungen gelten und deshalb abgelehnt werden. Zudem kann sich im Zeichen der beginnenden Romantik das historisch Gewordene neuer Wertschätzung erfreuen. Allerdings gedenkt man, die Institution Universität so weiterzuentwickeln, dass am Ende etwas durchaus Neues entsteht. Wo diese Neuschöpfung anzusiedeln wäre, ob Berlin hierfür der rechte Ort sei, und ob man nicht auf den Namen «Universität» besser verzichten sollte, wird kontrovers diskutiert. Um den Bruch mit dem Alten äußerlich sinnfällig werden zu lassen, sind alternative Bezeichnungen, wie z. B. «höhere Lehranstalt», im Gespräch. Auch Humboldt tritt für eine neu zu gründende Reformuniversität ein, ist sich aber lange über den Ort unschlüssig. Die Ruhe, die das konzentrierte wissenschaftliche Arbeiten braucht, spricht aus seiner Sicht eher gegen Berlin, das mit seinen rund 170 000 Einwohnern zu den größten Städten Europas gehört.

Zur Entscheidung kommt es im Zusammenhang mit den Ereignissen von 1806/07. Infolge der Gebietsverluste, die der Tilsiter Frieden festschreibt, hat Preußen die meisten seiner Universitäten, darunter die Hohen Schulen in Halle und Erlangen, verloren. Es verfügt nur noch über Königsberg, die ziemlich verfallene Universität Frankfurt an der Oder sowie in Breslau über eine Rumpfuniversität, nämlich eine 1702 unter den Habsburgern gegründete (katholische) theologische Hochschule.

Am 4. September 1807 erteilt Friedrich Wilhelm III. deshalb den Auftrag, in Berlin eine Universität zu errichten. Zur Klärung weiterer Fragen werden Gutachten in Auftrag gegeben. Zu den Gutachtern gehören u. a. Fichte und Schleiermacher, die sich bei allen sonstigen Differenzen in der Empfehlung einig sind, die Universität solle nicht in einem vordergründigen Sinne Berufsausbildung betreiben, sondern die Studierenden durch die intensive Begegnung mit der Wissenschaft in allgemeiner Weise berufsfähig machen. Infolge der nur zögerlichen Räumung des besetzten Landes und der Preußen auferlegten Kontributionen kommt das Vorhaben der Universitätsgründung jedoch zunächst nicht recht vom Fleck. Das ändert sich mit Humboldts Eintritt in die preußische Bildungsverwaltung und -politik.

Die Gründung der Berliner Universität

In einer schnellen Abfolge von Schritten, über die wir durch die Humboldtschen Gutachten, Eingaben, Denkschriften und Anträge genau informiert sind, gelingt es dem Sektionschef, Bewegung in die Gründungsangelegenheit zu bringen und sie innerhalb eines erstaunlich kurzen Zeitraums erfolgreich abzuschließen.

Zwischen dem 12. und 14. Mai 1809 formuliert Humboldt einen ersten *Antrag auf Errichtung der Universität Berlin* (HW IV, S. 113ff.). Bezüglich des Standorts der Neugründung hat sich Humboldt jetzt entschieden und teilt die Meinung des Königs: allein Berlin kommt infrage. Soll das Vorhaben gelingen, Preußen auch in Sachen Wissenschaft und Bildung als deutsche Vormacht zu etablieren, dann könne nur eine in der Hauptstadt ansässige Universität über die Grenzen Preußens hinaus Glanz und Wirkung entfalten. Die geplante Universität, wird es in einer späteren schriftlichen Äußerung Humboldts heißen, solle «durchaus etwas Anderes als eine blosse Landes-Universität werden» (HW IV, S. 290). Aus ganz Europa wolle man, sobald sich die politischen Verhältnisse beruhigt hätten, Studenten nach Berlin ziehen. Mit den alten Universitäten in Königsberg und in Frankfurt, diesen Provinzeinrichtungen, wäre das, auch wenn sie vorerst nicht aufgegeben werden sollen, nicht zu machen. In einem zweiten Antrag vom 24. Juli 1809 wird der herausgehobene Status, der Humboldt für die neue Universität vorschwebt, noch deutlicher gemacht. Humboldt greift nämlich einen Gedanken auf, den er in den Akten vorgefunden hat, wonach die Berliner Universität zu einer Elitehochschule auch dadurch werden könne, dass sie sich zu einem Sammelpunkt fortgeschrittener Studierender entwickle. Wer anderswo sein Studium begonnen habe, der solle eingeladen sein, Berlin «bloss zu seiner höhern und letzten Ausbildung zu wählen» (HW IV, S. 116). Außerdem – und das ist ein weiteres Argument für die Hauptstadt – besitzt Berlin bereits (s. o.) eine Akademie und zahlreiche wissenschaftliche Einrichtungen, die so etwas wie eine Wissenschaftslandschaft bilden, in die sich eine Universität harmonisch einfügen lässt. Anderswo müsste so etwas erst mühsam aufgebaut werden. Dagegen will Humboldt die Breslauer Universität in ein Gymnasium umwandeln, zugleich aber dafür sorgen, dass an den übrigen Universitäten «catholisch-theologische Lehrstühle» eingerichtet werden. Sodann ist Humboldt nunmehr dafür, der Neugründung den Namen «Universität» zu geben, weil damit deutlich gemacht werden könne, «dass keine Wissenschaft ausgeschlossen seyn [soll]» (HW IV, S. 31).

Ganz wichtig ist Humboldt die Regelung der Finanzen. Nicht etwa der Staat soll für die neue Universität aufkommen, denn diese soll ihren Betrieb «durch eigenes Vermögen» und «durch die Beyträge der Nation» (HW IV, S. 33) sichern. Unabhängigkeit vom Auf und Ab des Staatshaushalts und eine enge Verbundenheit der Bürgergesellschaft mit der Universität als ihrer herausragenden Schöpfung seien der Gewinn einer solchen Konstruktion, schreibt Humboldt, und denkt daran, der Universität die Einkünfte aus königlichem Domänenbesitz und aus der Säkularisation von Kirchengut zu überlassen. Tatsächlich war die alte Universität zu einem Geschöpf von landesherrlichen Gnaden geworden. Dies will Humboldt ändern und der Universität Berlin auch unter diesem Aspekt Freiheit von Staatseinflüssen sichern.

Die Anträge werden am 16. August des Jahres vom König positiv beschieden. Die von Humboldt erbetenen Gebäude (darunter als Hauptgebäude das «Prinz Heinrichsche Palais» im Zentrum Berlins «Unter den Linden») werden zugewiesen. Das diesbezügliche königliche Schreiben ist später als «Stiftungsurkunde» der Universität (Max Lenz) bezeichnet worden. Jedenfalls kann die Aufnahme des Universitätsbetriebs jetzt praktisch in Angriff genommen werden.

In diesem Sinne verfasst Humboldt am 28. August 1809 einige *Unmaßgebliche Vorschläge zu der wegen Errichtung einer Universität in Berlin angesetzten Konferenz* (HW IV, S. 139ff.), in denen er das Verhältnis der neuen Universität zu den vorhandenen Akademien und Instituten anspricht, den weiteren Finanzbedarf beziffert sowie Vorschläge zu dessen Deckung unterbreitet. Gedacht ist das Papier als Tischvorlage für eine Zusammenkunft von Ministern und Spitzenbeamten, an der auch Humboldt teilnimmt. Bei aller Zustimmung zu Humboldts entschlossenem Wirken vermag die Mehrheit der Teilnehmer seinen Vorstellungen hinsichtlich der Finanzierung der Universität jedoch nicht zu folgen. Etwaige Rechte des königlichen Hauses an den Domänen sollen auf keinen Fall tangiert werden, und auch der (katholischen) Kirche will man in Sachen Kirchenbesitz nicht zu nahetreten. Mit seinen Finanzierungsideen wird Humboldt, auch wenn er sie noch eine Weile verfolgt, scheitern.

Unterdessen versucht Humboldt die ersten Wissenschaftler für die neue Universität zu rekrutieren. Er beginnt mit der ihm wenig vertrauten Medizin. Immerhin hat er bereits am 18. Juni 1809 in seiner Denkschrift *Über die Organisation des Medizinalwesens* (HW IV, S. 56ff.) – die Sektion ist inzwischen auch für dieses zuständig – gefordert, die künftigen Ärzte müssten, auch wenn Ausnahmen möglich sein sollen, an der Universität studiert haben. Der Aufbau einer medizinischen Fakultät, in die das Collegium Medico-Chirurgium integriert werden soll, darf also nicht vernachlässigt werden. Als erste Medizinprofessoren kann Humboldt im Februar 1810 nach längeren Verhandlungen Johann Christian Reil sowie den Direktor des Collegiums, Christoph Wilhelm Hufeland, gewinnen. Schwierig verläuft die Suche nach geeigneten Kandidaten für die übrigen Fakultäten und Fächer. Zum Glück kann man auf ehemalige Hallenser Professoren zurückgreifen, die nach der Aufhebung ihrer Universität durch Napoleon im Herbst 1806 nach Berlin gekommen sind. So in der Theologie auf Schleiermacher, in der Rechtswissenschaft auf Theodor Schmalz und in der Altertumskunde auf Wolf. Für die juristische Fakultät wird der Begründer der historischen Rechtsschule in Deutschland, Friedrich Carl von Savigny, geworben. In der Philosophischen Fakultät kann Humboldt Fichte – nach seiner Entlassung in Jena (man hatte ihm Atheismus vorgeworfen) und einem Zwischenspiel in Erlangen nunmehr in Berlin ansässig – aufbieten. Alles in allem soll die Universität, das ist der Plan, mit nicht weniger als 30 Professoren den Lehrbetrieb aufnehmen. Damit läge sie im Vergleich zu anderen Universitäten in Deutschland im oberen Drittel, ohne zu den bestausgestatteten zu gehören.

In seinem *Generalbericht an den König* vom 23. Mai 1810 gibt Humboldt Rechenschaft ab über das bis dahin Erreichte: Die Berufungen liefen gut, zahlreiche Studenten hätten ihr Kommen zugesagt usw. Zugleich bittet Humboldt den König um «neue Zuschüsse» (HW IV, S. 295) und beantragt, die medizinische Fakultät mit Lehrkrankenhäusern ausstatten (zuerst innere Medizin und Chirurgie, später noch Geburtshilfe und Psychiatrie), vor allem aber, die Berufungsgespräche fortsetzen zu dürfen. Schließlich nennt Humboldt mit dem 29. September 1810 ein Datum, an dem die Universität eröffnet werden soll. Diese Anträge werden vom König am 30. Mai 1810 genehmigt.

Am 3. Juni 1810 veranlasst Humboldt innerhalb der Sektion die Bildung einer Universitätseinrichtungskommission, deren Hauptaufgabe darin besteht, den Lehrkörper, wie beantragt, weiter zu ergänzen. Alle Mitglieder der Kommission begeben sich auf ausgedehnte Werbereisen durch ganz Deutschland, um die ins Auge gefassten Wissenschaftler persönlich zu kontaktieren und ihnen Angebote zu unterbreiten, wobei, wie sich zeigt, die frei verhandelbare Höhe der Besoldung eine wichtige Rolle spielt. Längst nicht immer sind Humboldt und seine Emissäre erfolgreich. So hat schon im März 1810 der berühmte Göttinger Mathematiker Karl Friedrich Gauß, obwohl von beiden Brüdern Humboldt bedrängt, abgesagt (sich aber in die Akademie wählen lassen). Andere

Koryphäen tun dies jetzt ebenso, der Göttinger Jurist Gustav Hugo z. B. oder der Tübinger Mediziner Karl Friedrich Kielmeyer. Die Berliner Neugründung wird an den Universitäten Deutschlands keineswegs als willkommener Zuwachs, sondern vielmehr als Konkurrenz gesehen. Das ehrgeizige Ziel, die in ihrem jeweiligen Fach führenden Wissenschaftler nach Berlin zu holen, um auf diese Weise den Elitestatus der Universität zu sichern, kann deshalb nicht erreicht werden. In manchen Fällen muss man auf verdiente Mitglieder der Akademie und Mitarbeiter der Institute und Sammlungen zurückgreifen. Immerhin gelingt es, einige Namen mit Klang zu gewinnen. Um den Eindruck großer thematischer Breite zu erzeugen, werden in den sogenannten «akademischen Lections-Catalog» auch die Lehrangebote der Extraordinarien und der unbesoldeten Privatdozenten, die in der strengen universitären Hierarchie weniger gelten als die Lehrstuhlinhaber, aufgenommen.

Im August und September werden bürokratische Details festgelegt: die Semestereinteilung, die Gebührenordnung, die Amtstracht der Professoren, das Universitätssiegel. Die Hörsäle und die Amtszimmer der Professoren müssen renoviert werden. 61 Studenten werden immatrikuliert, womit die neue Universität anfangs zu den kleineren deutschen Universitäten gehört (im Jahr darauf werden es freilich schon über 400 Studierende sein; zehn Jahre später ist die Berliner Universität mit fast 1200 Studenten die größte in Deutschland). Am 10. Oktober 1810 tritt der Senat der Universität erstmals zusammen. Zum ersten Rektor wird (vom König) der Jurist Schmalz bestimmt. Im Lauf des Monats Oktober nehmen die verschiedenen Fächer der Universität zu Berlin ganz unspektakulär und ohne besondere Inaugurationsfeierlichkeit ihren Lehrbetrieb auf. Anders als von Humboldt vorgeschlagen wird 1811 die Universität Frankfurt an der Oder geschlossen, während Breslau zur Volluniversität ausgebaut wird.

Die Berliner Universität, die nach dem regierenden Monarchen Friedrich-Wilhelms-Universität heißt, umfasst vier Fakultäten: Die Philosophische Fakultät mit der Mathematik, der Geologie, Chemie, Physik, Zoologie, Botanik, Geografie, Landwirtschaft, Forstwissenschaft, den aus der Kameralistik hervorgegangenen Staatswissenschaften, der Philosophie, der Geschichte, den Altertumswissenschaften, einer Privatdozentur für die Altorientalistik, einem Extraordinariat für deutsche Philologie, den Sprachlehrämtern für das Englische, das Spanische, das Französische und das Italienische, deren Inhaber in der Hierarchie allerdings ganz unten stehen, auf einer Stufe mit dem Reitlehrer und dem Fechtmeister, sowie einer Stelle für die Pädagogik. Sodann die

Theologische Fakultät, die Juristische Fakultät und die Medizinische Fakultät mit jeweils mehreren Ordinariaten. Alles in allem sind es 58 Lehrkräfte.

Auch wenn die neue Universität wie die Vorgängereinrichtungen gleichen Namens vier Fakultäten aufweist, hat sich doch das Verhältnis dieser Fakultäten zueinander geändert. Den drei alten Hauptfakultäten – Theologie, Medizin, Jura – tritt jetzt die neue Philosophische Fakultät gleichberechtigt an die Seite. Während die frühere Artistenfakultät (an der die septem artes liberales gelehrt wurden), aus der die Philosophische Fakultät hervorgegangen ist, den damaligen höheren Fakultäten gegenüber eine dienende, weil die eigentlichen Fachstudien vorbereitende Funktion besaß, hat die Philosophische Fakultät einen Auftrag, der sie zu einer gleichrangigen Fakultät werden lässt. Nachdem die Wissenschaftspropädeutik zu den Aufgaben des neuen humanistischen Gymnasiums gehört, werden an der Philosophischen Fakultät nunmehr die dafür benötigten Gymnasiallehrer ausgebildet. Sie ist die Lehrerausbildungsfakultät.

Humboldts Universitätsidee

Die Leistung Humboldts erschöpft sich nicht in der praktischen Organisationsarbeit. Vielmehr lässt sich der Gründer der Berliner Universität in seinem Handeln von einem Konzept leiten, in das all die Anregungen, die die bekannten Reformuniversitäten bieten, sowie die Ideenskizzen eingehen, die Humboldt bei seinem Amtsantritt vorfindet. Was zuvor an verschiedenen Orten schon realisiert worden ist, und anderes, das nur als Plan existiert, verbindet Humboldt zu einem bildungstheoretisch fundierten Gesamtentwurf.

Auf das Gymnasium folgt, so Humboldt, der Übertritt an «eine Specialschule oder der Eintritt in das bürgerliche Leben selbst» – oder eben der an eine Universität (HW IV, S. 175). Für alle, die an eine Universität wechseln, bildet der «Universitätsunterricht» die sich von den anderen beiden Stufen signifikant unterscheidende höchste Stufe in Humboldts horizontal strukturiertem System der allgemeinen Bildung. Viele Charakteristika des «Universitätsunterrichts» verdeutlicht Humboldt deshalb in Abgrenzung vom (gymnasialen) «Schulunterricht». So in der vermutlich im Sommer 1810 entstandenen und nur als Fragment überlieferten Denkschrift *Über die innere und äußere Organisation der höheren wissenschaftlichen Anstalten in Berlin*. Neben dem Königsberger

Schulplan ist die Denkschrift das herausragende Dokument zu Humboldts Universitätsidee.

Daseinszweck der Universität ist es nicht, den jungen Menschen für irgendetwas brauchbar zu machen, sondern allein, «die Wissenschaft im tiefsten und weitesten Sinne des Wortes zu bearbeiten», «die objective Wissenschaft mit der subjectiven Bildung ... zu verknüpfen» (HW IV, S. 255). Wissenschaft wird von Humboldt, der sich hier als Anhänger der idealistischen Philosophie zu erkennen gibt, als «reine Idee», als «noch nicht ganz aufgelöstes Problem» (HW IV, S. 256) oder auch als «noch nicht ganz Gefundenes und nie ganz Aufzufindendes» (HW IV, S. 257) bezeichnet. Weil man es ja nicht, wie in der Schule, «nur mit fertigen und abgemachten Kenntnissen zu thun hat» (HW IV, S. 256), ist «Forschen» die genuin wissenschaftliche Haltung, die ihrerseits nach «Einsamkeit und Freiheit» als den in den wissenschaftlichen Einrichtungen «vorwaltenden Principien» (HW IV, S. 255) notwendig verlangt. A propos Freiheit: Bereits in seinem *Entwurf zu einer Verordnung, die Veränderung und Vereinfachung der Zensurbehörden betreffend* vom Frühjahr 1809 hat Humboldt gefordert, «dass, wenn eine Universität in Berlin errichtet wird, die ordentlichen Professoren derselben eben die Censur-Freiheit als die Mitglieder der Akademie der Wissenschaft geniessen» (HW IV, S. 11). 1810 wiederholt er, den Professoren müsse «Freiheit in ihrer Wirksamkeit» (HW IV, S. 259) gewährt werden. Ein Wunsch übrigens, der für die Berliner Gründung nicht erfüllt werden wird. Die Professoren müssen ihre Publikationen der Fakultät vorlegen.

Wenn das Forschen die universitäre Form des Lernens ist, dann beeinflusst dies das Verhältnis des Universitätslehrers zu den Studenten, ja es gibt ein solches, jedenfalls wenn man es sich als hierarchisches vorstellt, eigentlich gar nicht mehr. Während in der Schule der Lehrer das Lernen anleitet und der Schüler durch den Lehrer lernt, gilt jetzt: «Der erstere ist nicht für die letzteren, Beide sind für die Wissenschaft da» (HW IV, S. 256). In den Worten des Königsberger Schulplans: «Darum ist auch der Universitätslehrer nicht mehr Lehrer, der Studirende nicht mehr Lernender, sondern dieser forscht selbst, und der Professor leitet seine Forschung und unterstützt ihn darin» (HW IV, S. 170). Sehr treffend hat Humboldt die Universität deshalb auch als «die Emancipation vom eigentlichen Lehren» (HW IV, S. 190) bezeichnet und bezüglich der Abiturprüfung ausgeführt, der Schüler sei reif für die letzte Stufe allgemeiner Bildung, sobald er «für sich selbst zu lernen im Stande ist» (HW IV, S. 170). So greifen die verschiedenen Elemente des von Humboldt ersonnenen Bildungssystems konsequent ineinander.

Dieses neue Verständnis vom forschenden Lernen hat Auswirkungen auf die Art und Weise, wie die neue Universität zu organisieren ist. «Das Kollegienhören ist nur Nebensache, das Wesentliche, dass man in enger Gemeinschaft mit Gleichgestimmten und Gleichaltrigen, und dem Bewusstseyn, dass es am gleichen Ort eine Zahl schon vollendet Gebildeter gebe, die sich nur der Erhöhung und Verbreitung der Wissenschaft widmen, eine Reihe von Jahren sich und der Wissenschaft lebe» (HW IV, S. 191). Immer wieder malt Humboldt das Bild der sich frei gruppierenden Lern- und Forschungsgemeinschaft, und wenn er davon spricht, es könne «einer für sich grübeln und sammeln, ein anderer sich mit Männern gleichen Alters verbinden, ein Dritter einen Kreis von Jüngern um sich versammeln» (HW IV, S. 256), dann leuchtet hinter dieser Vision der neuen Universität die antike Akademie als Ort der ungezwungenen Suche nach Erkenntnis auf.

Ein solches in Gemeinschaft betriebenes forschendes Lernen ist ein unabschließbarer Prozess und hat deshalb auch «keine Gränze nach seinem Endpunkte zu, und für die Studirenden ist, streng genommen, kein Kennzeichen der Reife zu bestimmen» (HW IV, S. 170f.). Wesentlich ist Humboldt allein, «dass der junge Mann zwischen der Schule und dem Eintritt ins Leben eine Anzahl von Jahren ausschliessend dem wissenschaftlichen Nachdenken ... widme» (HW IV, S. 171). Humboldt sieht deshalb als Universitätsplaner keine Abschlussprüfung vor, auch wenn er sie als Schulplaner schließlich doch für notwendig hält und deshalb für ihre Einführung plädiert. Konsequenterweise aber wird das examen pro facultate docendi als Staats-, nicht als Universitätsprüfung abgehalten.

Sosehr die klassische Lehre in ihrer Bedeutung für die Studenten gemindert ist, so bedeutungsvoll bleibt sie für den Professor. Dieser braucht die Lehre, den «freien mündlichen Vortrag» (HW IV, S. 262), und hätte er nicht ohnehin die jungen Leute im Hörsaal vor sich, so müsste er «sie aufsuchen, um seinem Ziele» – dem Ziel des Erkenntnisgewinns – «näher zu kommen» (HW IV, S. 256). Durch das ständige Vortragen und das dadurch notwendige stets neue Durchdenken der Materie wird der Forscher immer aufs Neue auf bislang Unbemerktes hingelenkt. In der Vergangenheit seien deshalb die Universitätslehrer «gerade durch ihr Lehramt» zu «Fortschritten in ihren Fächern gekommen» (HW IV, S. 262). In Abgrenzung von den Akademien plädiert Humboldt deshalb für die Einheit von Forschung und Lehre als Markenzeichen der Universität.

Aus diesem Grund ist die «Wahl der in Thätigkeit zu setzenden Männer» (HW IV, S. 259), sprich: die Berufung der richtigen Wissenschaftler an die Universität, so wichtig, weil eben nur brauchbar ist, wer dieses Ethos teilt. Daraus erklärt sich die Sorgfalt, die Humboldt dem Aufbau des Lehrkörpers der künftigen Universität widmet. Zugleich ist dieser Punkt der einzige, in dem Humboldt seine ansonsten verfochtene Staatsferne aufgibt. Weil die alte Universität ihrer Klüngelwirtschaft wegen berüchtigt war, auch weil er um die Neigung, konkurrierende Lehrmeinungen abzuwehren, weiß, verweigert er der Universität das Recht zur Selbstrekrutierung. Nur der Staat soll berufen dürfen.

Humboldts Universität: die Wirklichkeit

Beachtlich ist Humboldts Universitätskonzept hinsichtlich seiner konsequenten Einbettung in einen stringenten bildungstheoretischen Gesamtentwurf. Davon abgesehen gilt für die Berliner Universität, dass sie im Vergleich mit den erwähnten Reformgründungen des 18. Jahrhunderts wenig Neues brachte, und darüber hinaus, was schon über Humboldts Schulreformarbeit gesagt werden musste: Faktisch hat Humboldt weniger bewirkt, als spätere Generationen ihm angedichtet haben. So war die Berliner Universität von Anfang an eine Einrichtung der beruflichen Ausbildung, in der «allgemeine Menschenbildung» kaum eine Rolle gespielt hat. Von einem gleichberechtigten und gleichrangigen Miteinander von Professoren und Studierenden konnte angesichts der dominanten Ordinarienkultur ebenfalls keine Rede sein. Und dass die Universität, wie von Humboldt gewollt, eine staatsferne kritische Einrichtung gewesen wäre, wird ebenfalls niemand behaupten, der die weitere Geschichte dieser Institution kennt. Für das Prinzip der Einheit von Forschung und Lehre, das zu Recht als ein Meilenstein gelten darf, kann Humboldt keine exklusiven Urheberrechte beanspruchen.

Auch sollte man nicht übersehen, dass Humboldts Universitäts-Idee im Grunde nicht auf eine Voll-Universität, sondern auf eine solche geistes- und kulturwissenschaftlichen Zuschnitts zielte, was im Blick auf die absehbare Wissenschaftsentwicklung kein sehr überzeugendes Konzept war. Weil Humboldt nämlich der Meinung ist, «Philosophie und Kunst» seien es, in denen sich das Streben nach wissenschaftlicher Erkenntnis «am meisten und abgesondertsten ausspricht» (HW IV, S. 259), werden die «Beobachtungs- und Experimentalwissenschaften» (HW IV, S. 263) an der Universität Berlin eher stiefmütterlich behandelt. Empirische Forschung soll an den naturwissenschaftlichen Instituten sowie nach einer gründlichen Reform, die Humboldt ebenfalls in die Wege leitet, an der Akademie der Wissenschaften betrieben werden. Die Akademie aber ist kein Teil der Universität, sondern mit dieser nur lose verkoppelt.

Der Abschied aus dem Amt

Am 29. April 1810 bittet Humboldt in seinem *Entlassungsgesuch* den König, «mein gegenwärtiges Amt als Chef der Sectionen für den Cultus, öffentlichen Unterricht und das Medicinal-Wesen völlig niederlegen zu können» (HW IV, S. 247). Der Auslöser: Steins Reformplan von 1808 hatte die Sektionschefs in den Ministerien als stimmberechtigte und den Ministern gleichgestellte Mitglieder des Staatsrates vorgesehen. Dazu aber soll es, als im Frühjahr 1810 ein solcher Staatsrat konkret wird, nun doch nicht kommen. Tatsächlich sollen die Geheimen Staatsräte, darunter auch Humboldt als einer von fünf Sektionschefs des Innenministeriums, ohne Stimmrecht bleiben. Ein Umstand, den Humboldt der Sache wegen, um die es ihm geht, für falsch hält, und den er, selbstbewusst wie er ist, auch als persönliche Kränkung empfindet. Dass er z. B. alle Anträge, Denkschriften, Berichte usw. stets nur über den zuständigen Minister an den König richten durfte, hat Humboldt geärgert. Schon im Generalverwaltungsbericht der Sektion im Juli 1809 hat er diesbezüglich die «precaire Selbstständigkeit» (HW IV, S. 73) seiner Position bemängelt. Jetzt, im Frühjahr 1810, erklärt er, seinerzeit allein in der Annahme einer vollen Gleichberechtigung mit seinem Minister der königlichen Bitte, sich um die Reform des Bildungswesens zu kümmern, gefolgt zu sein. Alternativ kann sich Humboldt auch die Erhebung seines Departements zum eigenständigen Kultusministerium vorstellen. Dazu wird es jedoch erst lange nach seinem Ausscheiden, nämlich 1817 unter Karl von Altenstein, kommen.

Anfang Juni 1810 scheint sich die Sache noch einmal zu wenden, denn der König und Hardenberg erwägen, Humboldt zum Innenminister zu machen. Als daraus nichts wird, erhält Humboldt das Angebot, in den diplomatischen Dienst zurückzukehren und Gesandter in Wien zu werden. Zugleich darf er den Titel eines Ministers führen, was ihm das Recht gibt, an den Beratungen des Staatsrates teilzunehmen. Am 23. Juni 1810 übergibt er die Amtsgeschäfte interimistisch an Nicolovius, im November wird Schuckmann zum Nachfolger bestimmt. Der Universitätssache bleibt Humboldt zunächst noch verbunden und bis zur Abreise nach Wien, Anfang September, Leiter der Universitätseinrichtungskommission.

Literatur

Lenz, Max (1910): Geschichte der Königlichen Friedrich-Wilhelms-Universität zu Berlin. Erster Band: Gründung und Ausbau. Halle a. d. S.: Verlag der Buchhandlung des Waisenhauses, S. 148–304.

Diplomatie, Verfassungspolitik und bürgerliche Freiheitsrechte

Auch in dem Jahrzehnt zwischen 1810 und 1820 engagiert sich Humboldt für den preußischen Staat. Als Diplomat und Verfasser von Memoranden und Denkschriften, am Ende sogar als Regierungsmitglied, ist er am Kampf gegen Napoleon und an den Weichenstellungen für eine neue europäische Ordnung beteiligt. Mit seiner Absicht, für Deutschland oder wenigstens in Preußen eine fortschrittliche Verfassung durchzusetzen, scheitert Humboldt jedoch.

Ende September 1810 tritt Humboldt den Posten als Gesandter in Wien an, den er jedoch immer wieder verlässt, um an den verschiedensten Orten und bei unterschiedlichen Anlässen die Interessen Preußens zu vertreten.

Mehr als zwei Jahre lang war Preußen ein Zwangsverbündeter des französischen Kaisers gewesen. 1812 jedoch beginnt sich das Blatt zu wenden. Der Versuch, die Armee des Zaren niederzuringen, ist trotz der Besetzung und Zerstörung Moskaus durch die Franzosen gescheitert. Napoleon muss sich geschlagen zurückziehen. Preußen nutzt die Gunst der Stunde und sucht in zwei Bündnisverträgen, am 31. Januar 1812 (in Tauroggen) sowie am 28. Februar 1813 (in Kalisch), den Schulterschluss mit Russland. Nach dem Prager Kongress im Sommer des Jahres, an dem als Vertreter Preußens auch Humboldt teilnimmt, stoßen Österreich und England zu diesem Bund, der sich nun offen gegen die Franzosen wendet.

Dass man sich auf preußischer Seite in die antifranzösische Front eingereiht hat, ist nicht nur ein Ergebnis der üblichen Machtspiele gewesen, sondern von der Bevölkerung geradezu erzwungen worden. Die Verwüstungen, die die französischen Heere während der Besetzung Preußens sowie auf ihrem Durchmarsch nach Osten angerichtet haben, sind verantwortlich dafür, dass die öffentliche Meinung auf antifranzösischen Kurs geht. Auch Humboldt, der lange an die historische Mission Napoleons geglaubt hatte, beginnt nach neuen Optionen zu suchen. Dabei entdeckt er die deutsche Nationalbewegung, die zu einem wesentlichen Träger des Kampfes gegen die französische Herrschaft in Deutschland geworden ist. Nach erfolgreicher Schlacht hat die antinapoleonische Freiheitsbewegung allerdings mehr als nur die Befreiung der deutschen Einzelstaaten im Sinn: nämlich nichts weniger als die staatliche Einheit Deutschlands. In der Tat würde die Frage nach der Zukunft dieser deutschen Partikularstaaten spätestens mit der Niederwerfung Napoleons auf der politischen Agenda stehen.

Bundesstaat oder Staatenbund: Humboldts Nachdenken über die deutsche Frage

Dieser Fall tritt schneller ein, als von vielen erwartet. Nachdem die Franzosen in der Völkerschlacht bei Leipzig (16. bis 19.10.1813) vernichtend geschlagen worden waren, zerfällt die Machtbasis Napoleons in Mitteleuropa. Auch die zuletzt noch mit ihm verbündeten Fürsten laufen zu den Alliierten über. An den entsprechenden Verhandlungen, die in Frankfurt am Main stattfinden, ist auch Humboldt als Vertreter Preußens beteiligt. Weil anlässlich dieser Verhandlungen den betroffenen Fürsten zugesagt wird, ihre staatliche Unabhängigkeit dauerhaft zu sichern und damit im Blick auf die künftigen Diskussionen eine wichtige Vorentscheidung gefallen ist, sieht Humboldt sich gedrängt, seine ihn schon länger bewegenden Gedanken über die Perspektiven Deutschlands zu einer Denkschrift auszuarbeiten.

Grundsätzlich bestehen fünf Möglichkeiten, dieses künftige Deutschland zu gestalten:

Eine Rückkehr zu den Verhältnissen vor 1806, also die Wiederherstellung des deutschen Reiches mit einem Wahl-Kaiser an der Spitze. Das ist kaum mehr als ein Gedankenspiel, denn die Zeitläufte haben den alten Reichsgedanken zu einem Anachronismus werden lassen. Der Schaffung eines deutschen Einheitsstaates wiederum, eines machtvollen Staates in der Mitte Europas, wie ihn die Nationalbewegung anstrebt, widersprechen nicht nur die gerade eben gegenüber zahlreichen Kleinstaaten abgegebenen Souveränitätsversprechen, sondern auch die führenden ausländischen Mächte – aber auch Preußen und Österreich selbst. Insbesondere der seit 1809 als Österreichs Außenminister amtierende Clemens Fürst von Metternich profiliert sich als entschiedener Gegner jeder deutschen staatlichen Einheit sowie tatsächlicher oder vermuteter preußischer Interessen. Davon abgesehen wäre die Frage, wie sich das multiethnisch zusammengesetzte Habsburgerreich in einen deutschen Nationalstaat würde eingliedern lassen, in der Tat nur schwer zu beantworten gewesen. Der Preußenkönig wiederum hegt eigene Großmachtabsichten und kann sich einen deutschen Nationalstaat allenfalls unter preußischer Suprematie vorstellen. Will man – was eine weitere Option wäre – den Status quo, also das Nebeneinander unabhängiger, in Größe und Bevölkerungszahl jedoch höchst unterschiedlicher deutscher Einzelstaaten, vermeiden, steht realistischerweise nur die Frage «Bundesstaat» oder «Staatenbund» zur Debatte.

In der im Dezember 1813 dem Freiherrn vom Stein zugesandten *Denkschrift über die Deutsche Verfassung* lässt Humboldt zwar noch einmal seine Sehnsucht nach einem geeinten Deutschland anklingen. «Eine Nation, Ein Volk, Ein Staat», sei Deutschland im Bewusstsein seiner Menschen (HW IV, S. 304). Darin ist und bleibt er ein Patriot und Anhänger der deutschen Einheitsbewegung. Weil er sich aber auch als realpolitischer Kopf versteht, ist Humboldt bereit, sich der Wirklichkeit zu stellen. Und die ist eben so beschaffen, dass man in der staatlichen Einheit Deutschlands momentan nur ein Fernziel sehen kann. Die Gegenwart sei noch zu sehr von den divergierenden Interessen Preußens und Österreichs geprägt und zudem dürfte es kaum gelingen, die Vorbehalte der übrigen Staaten des Kontinents einem geeinten Deutschland gegenüber auszuräumen. Jeder Verfassung, die diese Umstände ignoriere, müsse es «an Bestand und Dauer mangeln» (HW IV, S. 306), so Humboldt. Mit diesem Argument, das von den aktuell gegebenen als den geschichtlich gewordenen Verhältnissen ausgeht, knüpft Humboldt nahtlos an seine bereits in den frühen 1790er-Jahren entwickelten und offenkundig nicht revidierten Vorstellungen von den Bedingungen einer tragfähigen staatlichen Verfassung an. Deshalb sein Rat: «[Man] bleibe bescheiden beim Geringeren stehen, und bilde bloss einen Staatenverein, einen Bund» (HW IV, S. 306). Freilich einen Bund, der den Keim künftiger Einheit in sich trägt. In insgesamt 31 Paragraphen arbeitet Humboldt die Details eines solchen Staatenbundes aus, der im Kern auf einem gegenseitigen militärischen Beistandsversprechen und enger wirtschaftlicher Zusammenarbeit (bis hin zu einer Zollunion) beruht. Besonderes Gewicht misst Humboldt den bürgerlichen Grundrechten zu. Den Schutz des Eigentums, die Pressefreiheit und die freie Wahl des Wohnsitzes will er verfassungsmäßig garantiert sehen. Fortschrittlich ist dieser Verfassungsentwurf auch insofern, als er die Wahl einer – und darin ist eine Referenz an den Einheitsgedanken zu sehen – für den Staatenbund zentralen «Volksrepräsentation» vorsieht.

Mit seinem Vorschlag steht Humboldt allerdings in Konkurrenz zu weiteren einschlägigen Entwürfen. Da ist zum einen der Vorschlag des Freiherrn vom Stein, den dieser im August 1813 vorgelegt hatte, und auf den Humboldt mit seiner Denkschrift reagiert. Stein, der Protagonist der preußischen Reformen, ist zu diesem Zeitpunkt Leiter eines kurzlebigen sogenannten Zentralverwaltungsrates, der von den Alliierten zur Administration der von Napoleon zurückeroberten und seiner ehemaligen Herrscher vorübergehend entsetzten deutschen Gebiete eingerichtet worden ist. Die Anhänger der Einheitsbewegung sehen in diesem Rat die Keimzelle einer künftigen deutschen Regierung, eine Vision, die der Freiherr vom Stein nachdrücklich unterstützt.

So überrascht es nicht, dass Stein in seinem Entwurf zur Neugestaltung Deutschlands den Einheitsgedanken wesentlich offensiver vertritt als Humboldt dies tut. Stein will keinen Staatenbund, sondern einen straff organisierten Bundesstaat mit einem Monarchen an der Spitze – allerdings unter Ausschluss Österreichs und Preußens, mit diesen jedoch in einem Dreibund vereint. Eine solche Konstruktion hält Humboldt, wie gesagt, für wenig aussichtsreich. Er schreibt deshalb im Januar 1814 in einem Schriftstück, das der Herausgeber der Werke Humboldts *An Gentz über die Deutsche Verfassung* betitelt hat, an den ihm altbekannten Friedrich (inzwischen «von») Gentz, der, nun endgültig auf die Seite der Reaktion gewechselt, seit 1802 in den Diensten Metternichs steht: «Über die Unausführbarkeit [dieser] Alternative sind wir miteinander einig» (HW IV, S. 326). Auch wenn er in der Ablehnung der Steinschen Vorstellungen mit Gentz also übereinstimmt, den Ideen des Letzteren, die denen Steins völlig konträr sind und auf eine nur lose verkoppelte, allein auf wechselseitigen Vertragsschlüssen zwischen den Einzelstaaten beruhende Allianz hinauslaufen, erteilt Humboldt naheliegenderweise ebenso eine Absage. Es bleibt abzuwarten, welcher dieser Entwürfe sich am Ende als der realistischste erweisen wird.

Die Suche nach einer europäischen Ordnung und der Deutsche Bund

Endgültig besiegt scheinen die Franzosen, als die alliierten Truppen den Krieg nach Frankreich tragen und Napoleon am 6. April 1814 auf den französischen Kaiserthron Verzicht leistet. Humboldt, als preußischer Unterhändler immer in der Etappe dabei, glaubt nun die Gelegenheit gekommen, in der «deutschen Frage» etwas bewegen zu können. Immerhin haben die Bündnismächte am 1. März 1814 die Schaffung eines «föderativen Bandes» in Aussicht gestellt, das die deutschen Staaten künftig umfangen soll. Es ist ein von November 1814 bis Juni 1815 in Wien tagender großer europäischer Kongress, auf dem auch die deutschen Angelegenheiten einer Klärung zugeführt werden. Humboldt, neben Hardenberg zweiter preußischer Gesandter, gehört zu den Teilnehmern. Seine Denkschrift von 1813 wird in den Verhandlungen wiederholt konsultiert.

Freilich findet Humboldt bald bestätigt, was er beim Abfassen dieser Denkschrift schon mehr als geahnt hat, dass nämlich die «deutsche Frage» in die umfassenderen europäischen Verhältnissen eingebettet und nur in Korrespondenz mit diesen zu lösen sein wird. Die europäische Gesamtlage aber ist von dem Wunsch der führenden Mächte nach Stabilität und Wiederherstellung der alten, vorrevolutionären Ordnung geprägt. So zeigen England, Russland, Österreich und Preußen dem geschlagenen Frankreich gegenüber erstaunliche Nachsicht, wollen sie doch dort die 1814 auf den Thron zurückgekehrten Bourbonen dauerhaft an der Macht sehen. Für die herben Kontributionszahlungen beispielsweise, die Preußen nach 1806 hatte aufbringen müssen, ist, wogegen Humboldt auf den Pariser Friedensverhandlungen mit Frankreich entschieden opponiert, kein Ersatz zu leisten; bezüglich seiner Grenzen hat Frankreich keine Zugeständnisse zu machen. Das Ziel ist klar: Frankreich soll rehabilitiert und auf längere Sicht in das sich herauskristallisierende europäische Machtgefüge, bestehend aus fünf gleichberechtigten Führungsmächten und zahlreichen Ländern nachgeordneten Ranges, eingebunden werden.

Das beeinflusst auch die Diskussionen um die Zukunft Deutschlands, die noch auf dem Wiener Kongress in die Gründung des sogenannten Deutschen Bundes münden: wie von Gentz und dessen Auftraggeber Metternich gewollt, ein locker gefügter Staatenbund, zu dem sich unter Einschluss Preußens und Österreichs 39 souveräne Fürsten vereinigen und dessen wesentlichster Zweck kaum mehr als die Erhaltung der äußeren und inneren Sicherheit seiner Mitgliedsstaaten ist. Wichtigstes Organ ist der Bundestag in Frankfurt am Main, ein Gesandtenkongress unter Vorsitz Österreichs.

Hat dieses Gebilde auch wenig mit dem zu tun, was Humboldt eigentlich vorschwebt, so ist es doch ein Staatenbund – und mehr unter den gegebenen Bedingungen nicht zu erreichen, wie Humboldt ja schon in seiner Denkschrift von 1813 festgestellt hatte. Ein Jahr nach der Gründung des Bundes bestätigt Humboldt diese Einschätzung noch einmal: «Ein allgemeiner Deutscher Bund war [...] die einzige politische Form, durch welche sich die ungleichartige Masse großer und kleiner Fürsten, welche Deutschland umfasst, in eine Gestalt bringen liess, welche die Ruhe sichert, Misstrauen entfernt und unnütz macht, und die gesetzmässige Möglichkeit begründet, denjenigen, welcher irgend gerechten Verdacht erregt, zur Rechenschaft zu ziehen» (HW IV, S. 353). Außenpolitisch hat der Deutsche Bund keine Kompetenzen. Immerhin wurden deshalb auch keine Kriege in seinem Namen geführt. Umso entschlossener agiert der Bund im Innern und erweist sich in den Jahrzehnten vor der Revolution von 1848 bei der Unterdrückung der liberalen und der nationalen Bewegung mittels polizeistaatlicher Maßnahmen als ein gefügiges Instrument in der Hand Metternichs und der Reaktion.

Zwar hat keiner der Vorschläge Humboldts bezüglich der bürgerlichen Freiheitsrechte Eingang in die Verfassung des Bundes gefunden. Auch war der Wunsch nach institutionell garantierten Formen der Mitsprache unerfüllt geblieben, wie sie Humboldt, der sich darin als Sprecher der fortschrittlichen Kräfte versteht, in seiner Denkschrift gefordert hatte. Eine Perspektive bietet jedoch der Art. 13 der Bundesakte vom 8. Juni 1815, der bestimmt: «In allen Bundesstaaten wird eine landständische Verfassung stattfinden.» Das Stichwort «landständisch» signalisiert, dass hier an parlamentarische Körperschaften, die Elemente der Volkswahl enthalten können, zu denken ist. Zuletzt am 22. Mai 1815 hatte auch der Preußenkönig Friedrich Wilhelm III. seinen Untertanen versprochen: «Es soll eine Repräsentation des Volkes gebildet werden.» In einigen deutschen Staaten sind bereits lebhafte Diskussionen im Gange, die zuerst in den süddeutschen Staaten in frühe Formen demokratischen Mitregierens münden. Was auf der Ebene des Bundes fehlgeschlagen ist, mag also in den Einzelstaaten gelingen.

Zwischenspiele

Nachdem Napoleon sein Exil auf der Insel Elba noch einmal verlassen und triumphal in Paris Einzug gehalten hat, kann erst der Sieg der verbündeten Armeen Englands und Preußens am 18. Juni 1815 bei Waterloo den Schatten des französischen Imperators aus Europa bannen. An den erneut notwendigen Friedensverhandlungen in Paris nimmt auch Humboldt teil. Dass Frankreich dort u. a. der Rückführung entwendeter Kunstschätze insbesondere nach Italien und Deutschland zustimmen muss, darf Humboldt, der erstmals 1798 während seines damaligen Parisaufenthaltes mit Raubkunst konfrontiert worden war, als kleinen Erfolg für sich verbuchen.

In den Jahren danach dient Humboldt Preußen auf Gesandtenposten in Frankfurt am Main und in London, immer wieder unterbrochen von Aufenthalten in Berlin.

Auch wenn er seinen Platz eher im Zentrum der Macht sieht, nimmt Humboldt die ihm übertragenen Aufgaben sehr ernst. Zum Beispiel seine Tätigkeit als preußischer Delegierter am Bundestag in Frankfurt. In diesem Zusammenhang verfasst er am 30. September 1816 ein Memorandum: *Über die Behandlung der Angelegenheiten des Deutschen Bundes durch Preußen*, ein Dokument, das nicht zuletzt deshalb wichtig ist, weil es die Gründe offenlegt, die Humboldt lange Zeit zu einem Apologeten des Deutschen Bundes hatten werden lassen. Selbst wenn er diese noch nicht verkörpere, meint Humboldt, fördere der Bund doch die Einheit Deutschlands: «Denn er verbindet Länder zu einem Ganzen, welche durch ihre Stammverwandtschaft und Sprache offenbar eine Einheit ausmachen, und ehemals im Deutschen Reiche wirklich vereinigt waren; die einzelnen Bundesmitglieder thun ebenso wie die einzelnen Bürger eines Staats auf einen Teil ihrer ursprünglichen Unabhängigkeit und Selbständigkeit Verzicht, und unterwerfen sich in diesem Punkte dem gemeinsamen Willen» (HW IV, S. 371). Auch die folgende Äußerung aus demselben Dokument zeigt, dass Humboldt den Deutschen Bund als eine politische Einheit eigenen Gewichts wahrzunehmen bereit ist. «Mit dem Deutschen Bunde [wird] offenbar ein neuer Staat, ausser allen einzelnen, welche in demselben vorhanden sind, die an und für sich zugleich selbständig bleiben, in die Reihe der europäischen eingeführt» (HW IV, S. 391).

Den Deutschen Bund als verkappten Bundesstaat, gar als eigenständigen Akteur auf der europäischen Bühne zu verstehen, entspricht nun allerdings nicht preußischer Politik. In Berlin hat niemand ein Interesse daran, die fragile Machbalance, wie sie auf dem Wiener Kongress verabredet worden ist, zu stören. Und so sind weder der König noch sein Staatskanzler darauf aus, Humboldt in ihrer Nähe zu sehen. Den beiden reicht es schon, dass Humboldt seine Mitarbeit in dem erstmals am 20. März 1817 zusammentretenden preußischen Staatsrat sehr aktiv gestaltet und dort als Vorsitzender der Steuerkommission vehement für den Abbau von Zollschranken innerhalb Preußens (!) eintritt. Die Förderung des Freihandels ist ein urliberales Anliegen, das Humboldt nachhaltig unterstützt und das ihn ausgerechnet in jenem Staatsrat mitwirken lässt, dessentwegen er 1810 sein Amt als Sektionschef im Innenministerium aufgegeben hatte.

Immer wieder mischt er sich mit Denkschriften und Memoranden auch in praktische Fragen der Regierungs- und Verwaltungsarbeit ein. Vielleicht würde es ja gelingen, die Steinschen Reformideen wenigstens dort wieder mit Leben zu erfüllen, wo es nicht um hohe Politik, sondern nur um bloße Verwaltung ging. So schlägt er z. B. in seiner Schrift *Über die Stellung und die Befugnisse der Oberpräsidenten* (HW IV, S. 418ff.) (1817), um die Selbstverwaltungskräfte zu fördern, eine stärkere Autonomie der Provinzen des Königreiches Preußen vor. Zugleich will er mittels Regionalisierung ein Gegengewicht gegen die Zentralgewalt schaffen, die er immer mehr ins reaktionäre Fahrwasser abdriften sieht.

In Sachen Bürgerrechte gilt Humboldts besonderes Engagement der Rede- und Pressefreiheit. Diese Grundbedingung einer liberalen Bürgergesellschaft sieht er in Preußen, wo trotz des zeitweilig herrschenden Reformklimas immer noch der Geist eines Wöllner umherspukt, in der restaurativen Stimmung dieser Jahre akut bedroht. In der Bundesakte (Art. 18d) waren Regelungen über die Pressefreiheit lediglich in Aussicht gestellt, inhaltlich aber nicht konkretisiert worden. Das Problem harrt also der Klärung. Dazu will Humboldt mit einer im Januar 1816 an den Staatskanzler adressierten Denkschrift – *Über Pressfreiheit* – beitragen. Humboldt entwirft darin gewissermaßen die rechtliche Verfassung des öffentlichen Räsonnements und damit nichts weniger als in Umrissen ein modernes Pressegesetz. Die Zensur soll ganz abgeschafft werden. Man möge doch der Urteilsfähigkeit des gebildeten Publikums, dem «gesunden Verstand der Leser» (HW IV, S. 344), vertrauen, meint Humboldt. Allerdings müsse sich auch jeder zu seinen Druckwerken bekennen, anonyme Drucke, in der politischen Auseinandersetzung damals weit verbreitet, dürfe es nicht mehr geben. Wo die Grenzen des Vertretbaren überschritten sind, hat der Staat das Recht, zu verbieten, wogegen aber Widerspruch möglich ist, über den dann ein Gericht in angemessener Frist zu befinden hat. Und Ähnliches mehr. Humboldt als Präzeptor des Rechtsstaates!

Preußischer Verfassungspolitiker

Dass mit Memoranden allein nichts zu bewegen ist, hat Humboldt hinlänglich erfahren. Folglich muss er, allen Widerständen zum Trotz, versuchen, ins Kabinett zu gelangen. Dabei kommt Humboldt entgegen, dass sich sein Ansehen als Intellektueller und seine Fähigkeiten, die er

nun auch in der Außenpolitik bewiesen hat, bei Hofe nicht länger ignorieren lassen.

Eine erste Chance, und zwar auf das Außenministerium, bietet sich
1818. Der Versuch scheitert jedoch, der Posten wird an einen anderen
vergeben, was nicht nur an Humboldts liberalen Ansichten liegt. Immerhin hat Humboldt in einem an Hardenberg gerichteten Brief *Über die
Zustände in der Verwaltung und die Minister* vom 14. Juli 1817 heftige
Kritik an einigen der möglichen künftigen Kollegen geübt, zu zweien
gar erklärt, «dass ich mit diesen beiden Männern niemals in Grund-
sätzen, Gesinnungen und Geschäftsführung übereinstimmen, ja mich
nicht einmal mit ihnen darüber verständigen kann» (HW IV, S. 431).
Die Staatsverwaltung sei «in fast allen ihren Teilen fehlerhaft» (HW
IV, S. 427) und eine Verbesserung der Regierungsarbeit hält er «nur
durch eine gänzliche Veränderung in den Personen für möglich» (HW
IV, S. 429). Strukturell schlägt Humboldt – ganz im Sinne der alten Reformideen Steins – vor, die Regierung nach dem Kollegialprinzip, d. h.
als Versammlung gleichberechtigter Fachleute, zu organisieren, was die
Position eines Staatskanzlers würde obsolet werden lassen. Dass dies bei
Hardenberg, aber auch bei dem in jeder Hinsicht seinem Staatskanzler
ergebenen König alles andere als gut ankommt, liegt auf der Hand. Im
Zuge der Neubildung des Kabinetts wird nun allerdings ein Ministerium
für ständische Angelegenheiten aus dem Innenministerium ausgeglie-
dert und Humboldt samt der Zuständigkeit für die Ausarbeitung einer
Verfassung am 11. Januar 1819 übergeben. Humboldt scheint damit am
Ziel seiner Wünsche.

Die Einlösung des vom König gegebenen Verfassungsversprechens
war bislang erkennbar verschleppt worden. So hatte der Staatskanzler,
um Zeit zu gewinnen, die Verfassungskommission des Staatsrates, der
auch Humboldt angehörte, ab 1817 in umständlicher Manier die Ver-
fassungsverhältnisse in den einzelnen Landesteilen der preußischen Monarchie genauestens erkunden lassen. Dass Hardenberg auch weiterhin
im Auftrage des Königs und unterstützt von einer konservativen Adels-
fronde bremsen wird, ist spätestens klar, als er Humboldt nach dessen
Ernennung zum Minister wissen lässt, ihm keineswegs die alleinige Ver-
antwortung in Sachen Verfassung zugestehen zu wollen. Sehr schnell
nach seiner Berufung arbeitet Humboldt deshalb einen Verfassungsentwurf aus, denn er muss fürchten, der machtbewusste Hardenberg könne
ihm die Sache aus der Hand nehmen. Tatsächlich wird es in der Folgezeit
zu schweren Auseinandersetzungen zwischen den beiden kommen, die
nicht zuletzt in dieser strittigen Frage wurzeln.

In seiner Schrift *Über Einrichtung landständischer Verfassungen in den preußischen Staaten* vom 4. Februar 1819 plädiert Humboldt in Anknüpfung an die unlängst, nämlich 1816, bestätigten Ideen aus seinen frühen staatstheoretischen Schriften dafür, die neue Verfassung organisch mit dem Gewordenen zu verbinden. «Es ist eine alte und weise Maxime, dass neue Maßregeln und Einrichtungen im Staate an schon vorhandene geknüpft werden müssen, damit sie, als heimisch und vaterländisch, im Boden Wurzel fassen können» (HW IV. S. 442). Zur Verwirklichung dieses Grundsatzes scheint Humboldt eine «landständische» Verfassung, wie sie Art. 13 Bundesakte vorsieht, bestens geeignet. Es sollen deshalb im Humboldtschen Verfassungsplan bei der Zusammensetzung des preußischen Landtags die Mitglieder der zweiten Kammer vom Volk direkt gewählt werden, während die alten Stände (Grundherren, Städte, Kirchen usw.) auf die erste Kammer verwiesen sind, wohin sie ihre Vertreter delegieren. Eine so konstruierte Verfassung entspricht nicht nur den Wünschen des liberalen Bürgertums, sie verkörpert in der Tat auf perfekte Weise die Verbindung von Fortschritt und Tradition.

Allerdings will Humboldt die Wahlen zur ersten Kammer nicht «unmittelbar auf [der] Basis der ganzen Volksmasse» (HW IV, S. 436) durchführen. Das klingt ihm zu sehr nach Frankreich und Volksherrschaft, knüpft ihm auch zu wenig an die historisch gewordenen Verhältnisse an. Vielmehr soll sowohl auf der Ebene der kommunalen Parlamente wie bei den Provinziallandtagen, vor allem aber im preußischen Landtag, zwar direkt, aber von einer in Korporationen (Berufsgruppen) gegliederten Wählerschaft gewählt werden. Es gibt ja noch keine Parteien im heutigen Sinne, und so sieht Humboldt in der Berufszugehörigkeit das entscheidende Medium, um die politische Willensbildung zu organisieren. Beide Kammern des Landtags sollen an der Steuererhebung beteiligt sein, ein in allen Verfassungsdebatten umkämpftes Königsrecht des Parlaments; darüber hinaus an allen Gesetzen, die in die bürgerlichen Freiheiten eingreifen, deren Sicherung das zweite große Anliegen Humboldts ist. Diese Grundrechte: Gewissensfreiheit, Pressefreiheit, Sicherheit der Person und ihres Eigentums, sollen per Verfassung garantiert sein. Das ist das alte liberale Anliegen, das in Humboldt einen überzeugten Vertreter gefunden hat. Einberufung und Auflösung des Landtags sollen allerdings dem König obliegen, womit dem sogenannten «monarchischen Prinzip» Genüge getan ist, das eine, wie die herrschende konservative Staatrechtslehre befürchtet, zu weit gehenden Demokratisierung der politischen Willensbildung verhindern soll.

Die deutsche Einheitsbewegung nach 1815 ist einerseits in vielen ihrer Vertreter der Deutschtümelei und dem romantischen Schwärmertum verfallen. Andererseits hat sich unter den Studenten eine radikale Richtung etabliert, die ihr Ziel eines republikanisch verfassten Nationalstaates auch mit terroristischen Mitteln verfolgt. Diesen Kreisen entstammt der Student Karl Ludwig Sand, der am 23. März 1819 auf den Schriftsteller August von Kotzebue, der als Repräsentant der Reaktion gilt, ein tödlich verlaufendes Attentat verübt. Die Antwort der konservativen Kräfte lässt nicht lange auf sich warten. Die auf einem Ministertreffen des Deutschen Bundes vom 6. bis 31. August 1819 im böhmischen Karlsbad unter Leitung Metternichs getroffenen Beschlüsse zielen nicht nur auf die studentischen Burschenschaften, die verboten werden, sondern auch auf das fortschrittliche Bürgertum: Anwendung der (inzwischen de facto kaum mehr ausgeübten) Zensur, Zeitungen und alle Schriften unter 20 Druckbögen betreffend; Überwachung der Universitäten; Verfolgung liberaler Intellektueller. Dass unter solchen Bedingungen alle Bemühungen in Verfassungsangelegenheiten in Preußen nahezu obsolet sind, versteht sich von selbst.

Ein letztes Mal legt Humboldt Widerspruch ein. Mit seiner Denkschrift *Über die Karlsbader Beschlüsse,* die er am 5. Oktober 1819 im Kabinett vorstellt, versucht Humboldt den König gegen diese Beschlüsse zu mobilisieren. Dabei appelliert er auf geschickte Weise an den Souveränitätsanspruch des Regenten. Zugleich distanziert er sich erstmals nachdrücklich vom Deutschen Bund, in dem er jetzt nur noch einen Büttel der Reaktion sehen kann. «Niemals» könne er es «rathsam finden, die verfassungsmässige Gewalt des Bundes zu erweitern» (HW IV, S. 510). Das schreibt ausgerechnet Humboldt, der doch stets das Gegenteil intendiert hat, die Ausweitung der Bundeszuständigkeiten nämlich! Tatsächlich bedeuten die Karlsbader Beschlüsse einen erheblichen Eingriff in die Rechte der souveränen Mitgliedsstaaten des Bundes. So kann die in Mainz eingerichtete sogenannte Zentraluntersuchungskommission Bürger jedes deutschen Staates über längere Zeiträume hinweg in allen Territorien des Bundes von Bundesorganen festsetzen lassen, ohne dass der betreffende Staat die Möglichkeit hat, zu ihren Gunsten zu intervenieren.

Wie nicht anders zu erwarten, setzt der König die Beschlüsse am 18. Oktober 1819 für Preußen in Kraft. Mit seinem Versuch, die Ministerkollegen auf seine Seite zu ziehen, scheitert Humboldt. Mehr noch: Wie andere führende Intellektuellen der Reformzeit – namentlich Schleiermacher und (der bereits verstorbene) Fichte werden genannt – diffa-

miert man auch Humboldt. Die ein Jahrzehnt zuvor in den Bildungsreformen ausgebrachte Saat sei jetzt aufgegangen und verschaffe sich
in geistiger Insubordination Ausdruck. Hardenberg schlägt Humboldts
Entlassung aus dem Kabinett vor, die der König am 31. Dezember 1819
vollzieht. 1820 werden die Karlsbader Beschlüsse in die Wiener Schluss-
akte aufgenommen und damit Bestandteil der Bundesverfassung.

Auch wenn Hardenberg 1821 noch einmal einen Vorstoß unternimmt, kommt es zwar in den einzelnen Provinzen des Königreichs
Preußen auf der Grundlage beschränkter Mitwirkungsrechte zu Provinziallandtagen, bis 1848 aber nicht zu einer gesamtstaatlichen Verfassung
und zu keiner «Nationalrepräsentation». Nicht zuletzt diese ungelöste
Verfassungsfrage wird zu einer Triebkraft der politischen Bewegung in
Vormärz und bürgerlicher Revolution.

Fazit

Hatte sich der frühe Humboldt noch in kritischer Distanz zum Staat
befunden, in dem er kaum mehr denn eine Bedrohung der Freiheitsrechte des Individuums glaubte erkennen zu können, so hat er diese Ab-
wehrhaltung nunmehr revidiert. In der Ideenwelt des älter gewordenen
Humboldt hat sich der Staat zum Instrument einer politisch handelnden
Bürgergesellschaft gewandelt. Das erklärt Humboldts Bemühen um eine
Verfassung, die staatsbürgerliche Initiative und Mitverantwortung ermöglichen soll.

Mit diesem Anliegen ist Humboldt in Preußen gescheitert. Den bür-
gerlich-liberalen Kräften, als deren Repräsentant sich Humboldt versteht, gelingt es nicht, den Elan der antinapoleonischen Erhebung für
die erstrebten maßvollen politischen Reformen zu nutzen. Vielleicht
hätte Humboldt mehr erreichen können, wenn es ihm gegeben gewesen
wäre, Verbündete zu gewinnen. In der wissenschaftlichen Literatur wird
vielfach die Meinung geäußert, besonders mit Hardenberg hätte sich,
bei allen Differenzen im Einzelnen, ein Einvernehmen herstellen lassen
müssen, denn die politische Ideen des Letzteren hätten sich von denen
Humboldts nicht grundlegend unterschieden. In den entscheidenden
Momenten hat Humboldt aber stets eher die Konfrontation gesucht als
die Kooperation.

Wie dem auch sei. Die restaurativen Kräfte in Preußen und Deutschland obsiegen und können den Anspruch auf nationalstaatliche Einheit und politische Partizipation erfolgreich abwehren. Ironie der Ge-

schichte: Ausgerechnet im postnapoleonischen Frankreich ist mit der sogenannten Charte Constitutionnelle vom Juni 1814 eine Verfassung in Kraft, die den Vorstellungen des liberalen Bürgertums in Deutschland schon recht nahekommt!

Auch wenn, wofür es Hinweise gibt, nach dem Tod Hardenbergs (1822) die Berufung Humboldts zu dessen Nachfolger für einen Moment möglich scheint, bleibt es dabei: Mit Humboldts Ausscheiden aus der Politik bestätigt sich an seiner Person exemplarisch, was er nahezu drei Jahrzehnte zuvor bildungstheoretisch vorgedacht hatte: Das fortschrittliche Bürgertum sucht in Kontemplation und Kunstgenuss Ersatz für den Mangel an politischem Gestaltungsvermögen. Für viele seiner bürgerlichen Zeitgenossen bedeutet dies den Rückzug in die biedermeierliche Selbstgenügsamkeit. Für Humboldt brechen Jahre des intensiven wissenschaftlichen Reflektierens an.

Literatur

Huber, Ernst Rudolf (³1995): Deutsche Verfassungsgeschichte seit 1789. Band 1: Reform und Restauration 1789 bis 1830. Stuttgart u. a.: Kohlhammer Verlag.

Sprache als Weltansicht

*Von 1820 bis zu seinem Tod 1835 widmet sich Humboldt ganz der
Wissenschaft. Noch heute bedeutsam und stark rezipiert sind seine
sprachwissenschaftlichen Untersuchungen, ein materialreiches und
philosophisch eindrucksvolles Werk, das so wichtige Probleme wie
das Verhältnis von Sprechen und Denken, den Einfluss der Sprache
auf die Erkenntnisfähigkeit des Menschen und den Zusammenhang
von Sprache und Volk(sgeist) thematisiert.*

Nach seiner Entlassung aus dem Ministeramt zieht sich Humboldt auf
Schloss Tegel zurück. Nach außen wirkende Aktivitäten sind selten. Immerhin beteiligt er sich regelmäßig aktiv an den Sitzungen der Akademie der Wissenschaften, deren Mitglied er seit 1809 ist; 1825 übernimmt
er den Vorsitz des «Vereins der Kunstfreunde im preußischen Staat»;
1830 wird er erneut Mitglied des Staatsrats. Einige wenige Reisen werden noch unternommen. 1829 stirbt Caroline von Humboldt. Unter den
Themen, die Humboldt in den letzten anderthalb Jahrzehnten seines
Lebens aufgreift, ragen seine sprachwissenschaftlichen Arbeiten heraus.
Humboldts Interesse an den Sprachen ist schon alt und hat ihn, ange-
fangen mit dem Griechischunterricht der Kindheit bis hin zu den Sanskritstudien des Alters, zeitlebens begleitet. In einem wissenschaftlichen
Sinne konkret wurde die Auseinandersetzung mit der Sprache während des römischen Aufenthaltes. Hier arbeitete Humboldt seine Rei-
seerfahrungen der Pariser Zeit zu umfangreichen Texten aus, die auch
Anmerkungen zur baskischen Sprache enthielten, eine seiner Meinung
nach ursprüngliche, d. h. aus der Zeit vor den indogermanischen Ein-
wanderungen stammende Sprache, die ihren Urzustand noch rein bewahrt habe. Immer wieder hat er während seiner politischen Missionen
nach 1810 Pausen eingelegt und zum Sprachstudium genutzt. Kaum
jemand in seiner Zeit dürfte so profunde linguistische Kenntnisse beses-
sen haben wie Humboldt, seine sprachwissenschaftliche Bibliothek galt
als die größte ihrer Art. Aktiv beherrschte Humboldt die alten Sprachen
Griechisch und Latein; dann Spanisch, Italienisch, Französisch, Englisch.
Eingehend beschäftigt hat er sich mit dem Ägyptisch-Koptischen, mit

den mittel- und südamerikanischen Indianersprachen, dem Tschechischen und allgemein mit den slawischen Sprachen. Mithilfe von Wörterbüchern hat er Zugang zum Sanskrit gesucht. In den 20er-Jahren interessieren ihn die Sprachen des indonesischen und polynesischen Raumes und das Chinesische. Auch in die exotischen Sprachen arbeitet Humboldt sich so akribisch ein, dass er die Eigenarten ihres Baues erkennen und sie darin miteinander vergleichen kann. Zeitweise verfolgt er den Plan, alle ihm bekannten Idiome zum Gegenstand einer vergleichenden Untersuchung zu machen.

Humboldt ist nicht der Einzige, der sich zu seiner Zeit der wissenschaftlichen Erforschung der Sprachen widmet. Angeregt durch die Entzifferung der ägyptischen Hieroglyphen (1822) erlebt die Sprachwissenschaft in den 1820er-Jahren einen großen Aufschwung. Franz Bopp, den Humboldt in London kennengelernt hat und für dessen Berufung an die Berliner Universität er 1821 sorgt, untersucht die Verwandtschaftsbeziehungen der indogermanischen Sprachen untereinander und legt eine vergleichende Grammatik dieser Sprachen vor. Eine ausgedehnte Korrespondenz verbindet Humboldt mit den bedeutendsten Sprachforschern seiner Zeit in Europa.

Humboldts Sprachstudien setzen nicht nur früh ein, auch die grundlegenden Einsichten, die er aus dem Studium der Sprachen zu gewinnen hofft, zeichnen sich schon bald ab. Bereits in der altertumskundlichen Studie von 1806, *Latium und Hellas*, finden wir die Auffassungen vertreten, in der Sprache spiegelten sich die «Nationaleigentümlichkeiten» eines Volkes (HW II, S. 59) und die Sprache sei nichts weniger als «eine Welt, die zwischen der erscheinenden ausser, und der wirkenden in uns in der Mitte liegt» (HW II, S. 60). Ferner kann man hier schon den eminenten Satz lesen: «Die Sprache ist nichts anders, als das Complement des Denkens» (HW II, S. 61). Aus diesen wie zufällig notiert wirkenden Bruchstücken entwickelt Humboldt ab 1820 seine Sprachwissenschaft, der in sich geschlossenste und anspruchsvollste Teil seines literarischen Werkes.

Im Folgenden müssen wir uns auf einige exemplarische Aspekte beschränken. In diesem Sinne soll der Gang der sprachwissenschaftlichen Überlegungen Humboldts, ausgehend vom Sprachursprungsproblem bis hin zur berühmten und für den vergleichenden Ansatz Humboldts so fruchtbaren These von der sprachlichen Weltansicht nachgezeichnet werden.

Woher kommt die Sprache?

Wie andere Sprachforscher beschäftigt auch Humboldt das Problem des Sprachursprungs. Diese Frage beantwortet er allerdings nicht, wie die meisten vor ihm, mit Bezug auf göttliches Wirken, und er pflegt auch keine naturalistischen Ableitungen, indem er die Sprache etwa aus tierischen Lauten hervorgegangen sieht, sondern er verweist auf die Conditio humana. Es ist das Verfügen über Sprache, wodurch sich der Mensch von anderen Lebewesen unterscheidet, sodass man geradezu sagen kann: «Der Mensch ist nur Mensch durch Sprache» (HW III, S. 11). Eine Formulierung, die Humboldt in seinem Akademievortrag *Über das vergleichende Sprachstudium in Beziehung auf die verschiedenen Epochen der Sprachentwicklung* vom 29. Juni 1820 wählt. Sprache ist gewissermaßen ein menschliches a priori. An anderen Stellen seines Werkes bestimmt Humboldt die Sprache auch als eine nicht weiter zu erklärende Einrichtung der menschlichen Natur.

Allerdings: Auch wenn die Sprache «als unmittelbar in den Menschen gelegt» (HW III, S. 10) angesehen werden kann, darf man sie sich dennoch nicht als gleichsam «todte Masse, [die] im Dunkel der Seele liegt» (HW III, S. 11), «nicht als etwas fertig gegebenes denken» (HW III, S. 11). Vielmehr sagt Humboldt über die Sprache, sie sei «kein Werk (ergon), sondern eine Thätigkeit (energeia)» (HW III, S. 418), eine dynamische Kraft, eine sich aus der menschlichen Sprachbegabung erzeugende «Selbstschöpfung der Individuen» (HW III, S. 412). Als solche ist sie die «nothwendige Bedingung des Denkens» (HW III, S. 195f.).

Sprache und Denken

Wenn die Sprache den Menschen zum Menschen macht, dann liegt es nahe, die Sprache in ihrem Verhältnis zu einer weiteren genuin humanen Kompetenz, dem Denken, zu thematisieren. Schon 1795/96 wird dieses Thema in einem kleinen, thesenartigen Fragment, *Über Denken und Sprechen* (HW V, S. 97ff.), angeschnitten. Ab 1820 geht Humboldt die Untersuchung dieses Zusammenhangs dann systematisch an.

Dabei ist die Sprache für Humboldt nicht die «nothwendige Bedingung des Denkens» schlechthin, so als ob es kein Denken vor und außerhalb der Sprache gäbe. Vielmehr folgt Humboldt der Psychologie des 18. Jahrhunderts und geht davon aus, das klare Denken wurzle im Dunkel unbestimmter Empfindungen und flüchtiger Vorstellungen. «Die intellectuelle Thätigkeit», schreibt Humboldt in seiner nach ausführlichen Sanskritstudien vermutlich zwischen 1827 und 1829 entstandenen Abhandlung *Über die Verschiedenheiten des menschlichen Sprachbaues*, könne «durchaus innerlich, und gewissermaßen spurlos vorübergehend» (HW III, S. 191) sein. Um aber zum Erkennen zu gelangen, bedarf der Mensch der Sprache. Das «wahre Denken» (HW III, S. 195) nämlich ist «an die Notwendigkeit geknüpft, eine Verbindung mit dem Ton einzugehen» (HW III, S. 192). Erst «durch den Ton in der Rede» wird das Denken «äusserlich und wahrnehmbar für die Sinne» (HW III, S. 191). Indem nämlich in der Sprache «das geistige Streben sich Bahn durch die Lippen bricht, kehrt das Erzeugnis desselben zum eigenen Ohre zurück» (HW III, S. 195). Auf anderem Wege kann das unklare vorsprachliche Denken «nicht zur Deutlichkeit gelangen, die Vorstellung nicht zum Begriff werden» (HW III, S. 192). So sind auch die viel zitierten Formulierungen zu verstehen, wonach die Sprache «das bildende Organ des Gedankens» (HW III, S. 191) ist und die Lautform «der Ausdruck, welche die Sprache dem Gedanken erschafft» (HW III, S. 457). Sprache als dynamische Kraft ist hier ganz «Articulation», die es dem Denken erst ermöglicht, von der Vorstellung zur Klarheit zu gelangen, um so – ein Akt der «Reflexion» – «die Materie der Erscheinungswelt in die Form der Gedanken zu giessen» (HW III, S. 13). Beide Aspekte zusammenführend schreibt Humboldt, der Mensch besitze die Fähigkeit, sich der Welt zu bemächtigen, und zwar «geistig durch Reflexion, körperlich durch Articulation» bzw. «geistig durch die Synthesis des Verstandes, körperlich durch den Accent, welcher die Silben zum Worte, und die Worte zur Rede vereint» (HW III, S. 3). «Articulation» ist demnach die Fähigkeit, das in Sprache zu fassen, was durch «Reflexion» dem Bewusstsein zugeführt worden ist. Oder noch einmal anders: Sprache als «energeia», das ist «die sich ewig wiederholende Arbeit des Geistes, den articulierten Laut zum Ausdruck des Gedankens fähig zu machen» (HW III, S. 418). Die Sprache ist also kein Medium, «die schon erkannte Wahrheit darzustellen, sondern weit mehr, die vorher unerkannte zu entdecken» (HW III, S. 19f.), gleichviel, ob diese unerkannte Wahrheit in Gestalt diffuser Vorstellungen im Menschen selbst ruht oder ihm als Außenwelt fremd entgegentritt.

Was wir bisher noch nicht bestimmt haben, das ist der Charakter dieser Außenwelt, von wo aus das geistige Streben des Menschen, sprachlich geäußert, «zum eigenen Ohre» zurückkehrt. Hier ist es wichtig, sich bewusst zu halten, dass Sprache zwar nicht nur, aber eben auch ein Werkzeug der intersubjektiven Verständigung ist. Auch für Humboldt ist die

Sprache «in der Erscheinung» letztlich «nur gesellschaftlich» (HW III, S. 196). Ein Sprechakt ist immer auf ein antwortendes Gegenüber verwiesen.

Zur Sozialität von Sprache und Denken

Wenn Humboldt schreibt, in der Sprache breche «das geistige Streben sich Bahn» (HW III, S. 195), eine wichtige Funktion der Sprache aber in der Ermöglichung von Kommunikation besteht, dann ist auch dieses «geistige Streben» sozial determiniert. Das «Erzeugnis» des nach sprachlicher Äußerung drängenden «geistigen Strebens» ist die «zum eigenen Ohre» zurückkehrende und dabei geistig – durch Reflexion – zum Begriff und lautlich – durch Artikulation – zum Wort gewordene ehemals diffuse Vorstellung. Die äußere Realität aber, auf die das geistige Streben trifft und die die Vorstellung begrifflich schärft, ist die Gemeinschaft sprechender und denkender Wesen. Und so erhält das Denken «seine Bestimmtheit und Klarheit» nicht irgendwie, sondern allein «durch das Zurückstrahlen aus einer fremden Denkkraft» (HW III, S. 201). «Die Objectivität [ist] … erst vollendet, wenn der Vorstellende den Gedanken wirklich außer sich erblickt, was nur in einem andern, gleich ihm vollendeten und denkenden Wesen möglich ist. […] Das Wort muss … Wesenheit in einem Hörenden und Erwidernden gewinnen» (HW III, S. 201). Und weil «der Mensch … sich selbst nur [versteht], indem er die Verstehbarkeit seiner Worte an andren versuchend geprüft hat» (HW III, S. 196), «ist das Denken wesentlich an gesellschaftliches Daseyn gebunden, und der Mensch bedarf … zum bloßen Denken eines dem Ich entsprechenden Du» (HW III, S. 201). Selbst ein Denken, das keinerlei Mitteilungsabsicht verfolgt, das Denken «des Einzelnen in abgeschlossener Einsamkeit» (HW III, S. 196), ist nur möglich, weil dieses begrifflich fundierte, in Wörtern (und Wortfolgen) sich ausdrückende und dadurch zur Klarheit gekommene Denken ein vom sozialen Austausch geprägtes Denken ist.

Um nun von der Einsicht in den sozialen Charakter von Sprache und Denken auf die Sprach- und Völkervergleichung zu kommen, ist noch ein kleiner Zwischenschritt nötig.

Auf dem Weg zur Sprachvergleichung

Zu diesem Zweck ist noch einmal an Humboldts Unterscheidung von «Articulation» und «Reflexion» zu erinnern. Wenn nämlich, schreibt Humboldt, «dem Verstandesact, welcher die Einheit des Begriffs hervorbringt», «als sinnliches Zeichen, die des Worts [entspricht], und beide … einander im Denken durch die Rede möglichst nahe begleiten [müssen]» (HW III, S. 15f.), dann – so hat er beobachtet – gelingt dies den verschiedenen Sprachen in durchaus unterschiedlicher Weise. Nicht alle Sprachen schaffen es, das durch Reflexion Erkannte in eine entsprechend differenzierte sprachliche «Form» zu überführen, es zu artikulieren. Eine Sprache gilt Humboldt dann als «formal» vollendet artikuliert, wenn ihr «grammatischer und lexikalischer Bau» (Humboldt) es erlaubt, die Komplexität des Denkens adäquat wiederzugeben. Aufgabe des Sprachforschers ist es nun, «zu versuchen, ob sich in den Sprachen ein solches stufenweis fortschreitendes Annähern an die Vollendung ihrer Bildung entdecken lässt» (HW III, S. 391).

Auf der untersten Stufe stehen diesbezüglich für Humboldt die «ursprünglichen Sprachen» oder «rohen Sprachen» (HW III, S. 13), die vergleichsweise anspruchslos gebildet, d. h. «sichtbar mangelhaft sind in der Beherrschung der Form» (HW III, S. 13). Das Baskische ist ein solcher Fall. Auf der nächsten Stufe «entstehen … grammatische Beugung und Wörter grammatischer, also formaler Bedeutung» (HW III, S. 13). Die höchste, die ideale Stufe ist da erreicht, wo die Sprache reine Form im Sinne komplexer Bildung ist und «der Stoff ganz in der Rede besiegt wird» (HW III, S. 13). Diese Sprachen – wozu, nicht überraschend, das Griechische zählt – vermögen das Erkennbare vollkommen wiederzugeben. Allerdings, das macht die Sache kompliziert, kennt Humboldt auch den umgekehrten Fall, wonach, wie etwa in den modernen Sprachen, diese grammatikalisch verarmen und dennoch im Ausdruck vollendet sind. Da habe sich der Geist überflüssiger Formen entledigt, so Humboldt. Überhaupt möchte Humboldt mit der von ihm vorgenommenen Stufung der Sprachen keine wertende Absicht verbinden. Seine Forschungen hätten ihm vielmehr gezeigt, «dass auch die sogenannten rohen und barbarischen Mundarten schon alles besitzen, was zu einem vollständigen Gebrauche gehört, und Formen sind, in welche sich … in dem Laufe der Zeit das ganze Gemüth hineinbilden könnte, um, vollkommener oder unvollkommener, jede Art von Ideen in ihnen auszuprägen» (HW III, 2).

Gleichwohl ist es schon so, dass, weil ja, wie oben festgestellt, das Denken zur Klarheit nur insoweit findet, als ihm die entsprechenden sprachlichen Ausdrucksmöglichkeiten zur Verfügung stehen, eine Entsprechung zwischen dem Entwicklungsstand einer Sprache und den Möglichkeiten besteht, die sie dem Denken bietet. Anders ausgedrückt: «Das Denken ist … nicht bloss abhängig von der Sprache überhaupt, sondern, bis auf einen gewissen Grad, auch von jeder einzelnen bestimmten» (HW III, S. 16). Zwar kennen die Sprachen Elemente, die sich nahezu überall finden, was das von Humboldt ebenfalls thematisierte, hier aber nicht weiter zu verfolgende Problem der sprachlichen Universalien berührt. Humboldt belegt das exemplarisch in seinem Akademievortrag vom 26. April 1827 *Über den Dualis* (HW III, S. 113ff.) am Beispiel der Personalpronomina (nicht aber am Beispiel des Dualis, den es z. B. im Deutschen nicht gibt). Daneben existiert jedoch eine viel größere Zahl von grammatikalischen Elementen, die eng mit der Individualität der jeweiligen Sprache verbunden sind, woraus folgt: «Ein … bedeuthender Theil des Inhalts jeder Sprache steht daher in so unbezweifelter Abhängigkeit von ihr, dass ihr Ausdruck für ihn nicht mehr gleichgültig bleiben kann» (HW III, S. 17).

Mit dieser Wendung von «der» Sprache hin zur Einzelsprache schlägt Humboldt endgültig den Bogen vom Feld anthropologischer, dem Menschen gattungsmäßig zukommender Wesenheit, zurück in den Bereich der ethnografischen und gesellschaftstheoretischen Betrachtung, genauer: Er konzentriert sich erneut auf die Völkervergleichung als Zielpunkt seiner sprachphilosophischen Überlegungen. Je länger desto mehr glaubt Humboldt die mentalitären Charakteristika der Völker nirgendwo so unmittelbar fassen zu können wie in ihren Sprachen. Insbesondere jene auch als «Kawi-Werk» bekannte Einleitung zu einer geplanten Darstellung der Sprache Javas, die Schrift *Über die Verschiedenheit des menschlichen Sprachbaus und ihren Einfluss auf die geistige Entwicklung des Menschengeschlechts* (1830–1835) ist diesem Aspekt gewidmet. Dort heißt es: «Die Betrachtung des Zusammenhangs der Sprachverschiedenheit und Völkervertheilung mit der Erzeugung der menschlichen Geisteskraft, als einer sich nach und nach in wechselnden Graden und neuen Gestaltungen entwickelnden, insofern sich diese beiden Erscheinungen gegenseitig aufzuhellen vermögen, ist dasjenige, was mich in dieser Schrift beschäftigen wird» (HW III, S. 384).

Sprache als Weltansicht

Wie wir gesehen haben, gründet für Humboldt das menschliche Bewusstsein nicht auf der unmittelbaren Wahrnehmung einer äußeren Realität. Vielmehr hebt sich der Mensch die Wirklichkeit nur aufgrund seiner Fähigkeit ins Bewusstsein, dieser Wirklichkeit eine Form des sprachlichen Ausdrucks verleihen zu können. Das heißt aber, dass zwischen das Subjekt und die außer ihm existierende Realität die Sprache als Medium der Erkenntnis tritt. «Wie der einzelne Laut zwischen den Gegenstand und den Menschen, so tritt die ganze Sprache zwischen den Menschen und die … auf ihn einwirkende Natur. Er umgibt sich mit einer Welt von Lauten, um die Welt von Gegenständen in sich aufzunehmen und zu bearbeiten» (HW III, S. 434).

Den Mensch-Welt-Bezug so ausschließlich als einen sprachlichen Anverwandlungsprozess zu beschreiben, bedeutet, das sei hier ergänzend angemerkt, für Humboldts bildungstheoretisches Denken eine nicht unbedeutende Perspektivenschärfung. Seit seinen frühen bildungstheoretischen Fragmenten versteht Humboldt unter «Bildung» die Aneignung von Welt (s. Kap. 4). Seinerzeit jedoch benutzte er den Terminus «NichtMensch», wenn er «Welt» meinte. Im sprachwissenschaftlichen Spätwerk dagegen gibt es keine Welt mehr außerhalb des sprachlich bestimmten Erkenntnisvermögens des Menschen. Der Mensch lebt gleichsam eingehüllt in die Sprache und nimmt die umgebende Realität nur so wahr, «wie sie ihm die Sprache zuführt» (HW III, S. 224). Die Art und Weise, dass und wie der Mensch die Welt sieht, ist sprachlich determiniert, weshalb die Verschiedenheit der Sprachen auch «nicht eine von Schällen und Zeichen, sondern eine Verschiedenheit der Weltansichten selbst» (HW III, S. 20) ist. Mit der Folge, dass, wie es gleich im ersten Absatz des Fragments *Über den Nationalcharakter der Sprachen* (vermutlich 1822) heißt, in «ihrem Einfluss auf Erkenntniß und Empfindung betrachtet, mehrere Sprachen … mehrere Weltansichten sind» (HW III, S. 64).

Wenn unterschiedliche Sprachen Differenzen in Weltansichten indizieren, dann gilt das zunächst einmal für jeden einzelnen Sprecher, woraus sich ergibt, dass auch unter Benutzern ein und derselben Sprache Kommunikation misslingen kann und Verstehen immer wieder neu kommunikativ hergestellt werden muss. Insofern der Einzelne jedoch seine Sprache mit anderen teilt, teilt er auch deren «Weltansicht». Eine Sprachgemeinschaft wird also nicht nur durch das äußere Band derselben Sprache, sondern ebenso mittels der dadurch gemeinsamen «Weltansicht» ihrer Mitglieder zusammengehalten. «Jede Sprache zieht um die Nation, welcher sie angehört, einen Kreis, aus dem nur insofern hinauszugehen möglich ist, als man zugleich in den Kreis einer andren Sprache hinübertritt» (HW III, S. 224).

Es gilt aber auch umgekehrt, dass die durch Kultur, Geschichte, Lebensbedingungen usw. hervorgerufene «nationelle Gleichförmigkeit» einer Sprachgemeinschaft die von ihr benutzte Sprache prägt. «Jede Sprache empfängt eine bestimmte Eigenthümlichkeit durch die der Nation und wirkt gleichförmig bestimmend auf diese zurück» (HW III, S. 560). Was wiederum nichts anderes heißt, als dass in den Sprachen «die Nationen, als solche, eigentlich und unmittelbar schöpferisch [sind]» (HW III, S. 408). Diese wechselseitige Durchdringung von Sprache und Volksgeist kann man sich nicht eng genug vorstellen, nämlich so, wie es im Kawi-Werk heißt: «Die Geisteseigenthümlichkeit und die Sprachgestaltung eines Volkes stehen in solcher Innigkeit der Verschmelzung in einander, dass, wenn die eine gegeben wäre, die andre müsste vollständig aus ihr abgeleitet werden können» (HW III, S. 414). Noch einmal anders gewendet: «Die Sprache ist gleichsam die äußerliche Erscheinung des Geistes der Völker; ihre Sprache ist ihr Geist und ihr Geist ihre Sprache, man kann sich beide nie identisch genug denken» (HW III, S. 414f.).

Damit aber ist der Zielpunkt der Humboldtschen Sprachwissenschaft erreicht. Denn wenn er sich die Aufgabe gestellt hat, «die Verflechtung des Geistes in die Sprache genauer zu verfolgen» (HW III, S. 555), dann geht es Humboldt, weil Sprachen, wie gerade dargelegt, immer eine «nationelle» Form haben, um die Vergleichung der geistigen Erscheinung der Völker anhand ihrer jeweiligen Sprache. Und weil sich dergestalt «aus jeder Sprache … auf den Nationalcharakter zurückschliessen» (HW III, S. 562) lässt, sind die dabei festgestellten Verschiedenheiten der Sprachen nichts anderes als «in der Sprache sichtbar werdende des Charakters der Nationen» (HW III, S. 556).

Literatur

Borsche, Tilman (1997): Denken – Sprache – Wirklichkeit. Grundlinien der Sprachphilosophie Wilhelm von Humboldts. In: Wicke, Erhard; Neuser, Wolfgang; Schmied-Kowarzik, Wolfdietrich (Hrsg.): Menschheit und Individualität. Zur Bildungstheorie und Philosophie Wilhelm von Humboldts. Weinheim: Deutscher Studien Verlag, S. 65–81.

Ruprecht, Erich (1963): Die Sprache im Denken Wilhelm von Humboldts. In: Gutenbrunner, Siegfried (Hrsg.): Die Wissenschaft von deutscher Sprache und Dichtung. Methoden, Probleme, Aufgaben. Stuttgart: Klett Verlag, S. 217–236.

Humboldt und die Nachwelt

*Die Rezeption des Werks von Humboldt ist sehr unterschiedlich ver-
laufen und ihr Autor hat sich in den vergangenen gut eineinhalb
Jahrhunderten durchaus wechselnder Wertschätzung erfreut. Gerade heute wieder ist Humboldt in aller Munde, wenn auch meist auf
Schlagwörter reduziert.*

Vorbemerkung

Nicht nur zeigt sich in den aktuellen Diskussionen um die Zukunft
unseres Bildungswesens eine beachtliche Präsenz Humboldts, der hier
immer wieder zitiert wird. Auch der anhaltende Strom an wissenschaftlichen Veröffentlichungen sowie Symposien und Tagungen weist auf das
Interesse der Geistes- und Sozialwissenschaften hin, Humboldts Werk
als anregungsreichen Ideengeber für aktuelle Problemstellungen zu nutzen. Dabei ist die Rezeptionsgeschichte dieses Werkes weder geradlinig
verlaufen noch von durchgängig vorbehaltloser Zustimmung geprägt
gewesen.

Zur Publikationsgeschichte der Werke Humboldts

Zu Lebzeiten hat Humboldt nur wenig von dem publiziert, was uns heute als sein Gesamtwerk bekannt ist. So wurden die beiden anthropologischen Arbeiten aus der Jenaer Zeit 1795 in Schillers «Horen» veröffentlicht. *Über Goethes Hermann und Dorothea* kam 1799 als Buch heraus.
1816 folgte die Übersetzung des *Agamemnon*. Die nach 1820 gehaltenen
Akademie-Vorträge wurden ebenfalls zeitnah veröffentlicht, nämlich in
den Abhandlungen der Königlichen Akademie der Wissenschaften. Seinen Briefwechsel mit Schiller hat Humboldt 1830 herausgebracht. Anderes erschien kurz nach Humboldts Tod. Darunter 1836 bis 1839 als
Buch das «Kawi-Werk». 1847 und 1849 folgten zwei Briefsammlungen,
1851 die «Ideen»-Schrift erstmals in ungekürzter Form. Eine sieben-

bändige, allerdings bruchstückhaft zu nennende Ausgabe der Schriften Humboldts, die auch Teile aus dem handschriftlichen Nachlass enthielt, kam auf Veranlassung des Bruders Alexander von Humboldt zwischen 1841 und 1852 zustande. Auch brachte das frühe Schrifttum zu Humboldt (s. u.) bis dahin unbekannte Texte des Verstorbenen zum Abdruck. Wieder anderes wurde im Zuge der Ende des Jahrhunderts aufblühenden Humboldt-Forschung publiziert, darunter erstmals Dokumente, die Humboldts Tätigkeit in Diensten des preußischen Staates dokumentieren. Von 1906 bis 1916 erschien der Briefwechsel Humboldts mit seiner Frau.

Die Funde aus dieser Epoche standen vielfach im Zusammenhang mit den Arbeiten an der Herausgabe der Schriften Humboldts, die in den 1890er-Jahren im Auftrag der preußischen Akademie der Wissenschaften begonnen wurden. Dabei hat man den vorhandenen Nachlass systematisch gesichtet, um weiteres Material ergänzt und auch die Tagebücher einbezogen. Der erste Band der Akademieausgabe erschien 1903, der letzte von insgesamt 17 Bänden im Jahre 1936. Seit seiner Auslagerung im Zweiten Weltkrieg nach Schlesien und einer anschließenden Zerstreuung der Dokumente in mehrere europäische Archive und Bibliotheken gilt der Nachlass Humboldts als partiell verschollen. Bis heute kennen wir also nur einen Ausschnitt aus dem Gesamtwerk, wobei immer wieder Briefe, Notizen, Berichte und Abhandlungen aus der Feder Humboldts entdeckt werden. Da sich in den letzten Jahrzehnten das Interesse auf das sprachwissenschaftliche Werk Humboldts konzentriert hat, wurde an der Berlin-Brandenburgischen Akademie der Wissenschaften ein großes Editionsprojekt gestartet, das die historisch-kritische Herausgabe bislang unveröffentlichter und neu aufgetauchter Stücke des sprachwissenschaftlichen Werkes Humboldts zum Gegenstand hat.

Humboldt im 19. und 20. Jahrhundert

Das Schrifttum über Humboldt setzte schon wenige Jahre nach Humboldts Tod ein. Zuerst dominierten Erinnerungsschriften von Persönlichkeiten, die Humboldt noch gekannt haben. 1856 wurde eine erste Biografie vorgelegt (R. Haym); nicht die letzte im 19. Jahrhundert. Insgesamt jedoch war die Zeit Humboldt und seinem Nachwirken wenig günstig. Der Neuhumanismus mit seiner zweckfreien Bildung im Medium der Kunst hatte sich überlebt, und außerdem forderte der Nationalismus seinen Tribut. Das Gymnasium solle statt junger Griechen junge Germanen ins Leben entlassen, wurde gefordert. Humboldt rückte an den Rand der Aufmerksamkeit.

Das änderte sich gegen Ende des Jahrhunderts. In den 1870er-Jahren kritisierte Friedrich Nietzsche den Zustand des Gymnasiums, prangerte eine äußerlich und schal gewordene Bildung an und forderte die Rückkehr zur neuhumanistischen Bildungsidee – wenn auch als Elitebildung für wenige. Bald schon wurde der Weimar-Jenaer Kreis, wie er um 1800 bestanden hatte, als Höhepunkt des Geisteslebens in Deutschland gefeiert und Humboldt als kongenialer Dritter im Bunde mit Goethe und Schiller entdeckt. Der Terminus «Neuhumanismus» wurde nicht zufällig in den 1880er-Jahren geprägt (F. Paulsen). Das Erscheinen der Akademieausgabe hat die Beschäftigung mit Humboldt weiter beflügelt. Ein Übriges tat das Gründungsjubiläum der Berliner Universität 1910.

Aufgrund der besseren Quellenlage geriet jetzt erstmals Humboldt als Protagonist der preußischen Reformzeit ins Fadenkreuz der Aufmerksamkeit. Eduard Sprangers Buch über «Wilhelm von Humboldt und die Reform des Bildungswesens» (1910) begründete den Ruf Humboldts als Bildungsreformer, besser: es etablierte ihn als einen bis heute fortwirkenden Mythos. Nicht zuletzt ist das Ansehen, welches das Humboldtsche Universitätsmodell bis heute genießt, damals grundgelegt worden. Spranger war es auch, der mit «Wilhelm von Humboldt und die Humanitätsidee» (1909) den Bildungstheoretiker Humboldt vorgestellt und damit das bürgerliche Bildungsdenken seiner und aller nachfolgenden Epochen geprägt hat. In der geisteswissenschaftlichen Pädagogik der 1920er-Jahre wurde der Bildungsbegriff zu einer Schlüsselvokabel und Humboldt kanonisch. Nur als politischer Denker wurde Humboldt differenzierter beurteilt. Der sich zum Staat bekennende späte Humboldt erfuhr Zuspruch, während man die Frühschriften als Zeugnisse eines liberalistischen Individualismus ablehnte. Schärfer noch wurde die politische Humboldt-Kritik im Nationalsozialismus, wo ihn der Vorwurf eines mangelnden Verständnisses für die völkischen Grundlagen des Staates traf, und überhaupt – anspielend auf die Salonerfahrungen des jungen Humboldt und dessen Eintreten für die Gleichberechtigung der Juden – sei Humboldt allzu stark geprägt gewesen von jüdischem Einfluss.

Nach dem Zweiten Weltkrieg mehrte sich zuerst die Kritik an der Missachtung der naturwissenschaftlich-technischen Zivilisation in Humboldts Bildungsdenken (z. B. Th. Litt), bevor in den 1960er- und 1970er-Jahren der Bildungsbegriff ganz grundsätzlich unter Ideologieverdacht geriet und Humboldts Rückzug ins Reich des Schönen als un-

politisch verurteilt wurde. Der emanzipatorische Gehalt der bildungsreformerischen Ideen Humboldts dagegen wurde gar nicht erst zur Kenntnis genommen und spielte in den Schulreformdebatten der Zeit keine
Rolle. In Gestalt einzelner ambitionierter Monografien (z. B. C. Menze),
einer Studienausgabe der Werke (A. Flitner, K. Giel) und manch anderen
Beitrags blieb Humboldt jedoch auch in dieser Zeit im Gespräch.

Ambivalent ist das Bild, das die DDR-Pädagogik von Humboldt ge-
zeichnet hat. Einerseits galt Humboldt als Vertreter des progressiven
Bürgertums, das im 19. Jahrhundert den Kampf gegen die Reaktion
geführt habe. Auch übersah man nicht, dass Marx' Ideal eines «reichen
und tief allsinnigen Menschen» durchaus der Humboldtschen Idee der
«höchsten und proportionirlichsten Bildung» des Menschen entspricht.
Das Humboldtsche Schulkonzept wurde von der DDR-Pädagogik als so-
zial-revolutionär gewürdigt. Andererseits wurde die klassengebundene
Beschränktheit Humboldts kritisiert, z. B. sein Individualismus und seine Hoffnung, über die Bildung des Menschen die Gesellschaft verändern
zu können.

Humboldt aktuell

Eine solche Aufmerksamkeit, wie sie Humboldt derzeit genießt, ist neu in
der langen Rezeptionsgeschichte seines Werkes. Neu ist auch, dass Humboldts Popularität sich nicht auf die akademischen Zirkel beschränkt,
sondern, wenn auch zu Schlagwörtern verkürzt, die öffentlichen Diskurse erreicht hat. Dort freilich ist Humboldt durchaus umstritten.

Exemplarisch kann man dies an den Debatten um die Neuausrich-
tung unseres Hochschulwesens erkennen. Während die einen für gestufte Studiengänge und die strikte Berufsorientierung der akademischen
Ausbildung eintreten, befürchten andere das Ende der Humboldtschen
Universitätsidee, die Aufhebung der Einheit von Forschung und Lehre
u. a. m. Insofern die Diskussionen um die Humboldtsche Universität
und deren befürchtetes Ende jedoch weitgehend ideologischer Natur
sind, weil es eine solche Humboldtsche Universität in der Realität nie
gegeben hat, ähneln sie mehr Spiegelfechtereien als ernst zu nehmenden
Kontroversen. Wenn hier etwas von Humboldt zu lernen ist, dann allein
dies, dass Bildungsreformen nie ohne bildungstheoretische Fundierung
betrieben werden sollten.

Zur Lagerbildung reizt der Name Humboldt auch in jenen Diskussionen, die in einem eher allgemeinen Sinne die Bildungsfrage thematisie-

ren. Die einen sehen in Humboldt nämlich den Begründer eines längst überholten Bildungsideals, wonach Bildung nicht zur Brauchbarkeit des Menschen führen und seiner gesellschaftlichen Nützlichkeit dienen dürfe. In den Debatten um die sogenannte «Wissensgesellschaft» jedoch wird Bildung nicht als zweckfreie Angelegenheit gesehen, sondern in einen ökonomischen Zusammenhang gerückt. Nach dem Humankapital-Ansatz soll sich Bildung sowohl für die Gemeinschaft (Bildung als Standortfaktor) wie für jeden Einzelnen (Bildung als Karrieremotor) im wahrsten Sinne des Wortes auszahlen. Dagegen stehen jene Stimmen, die genau das Unzeitgemäße und die daraus resultierende kritische Widerständigkeit des Humboldtschen Bildungsdenkens betonen. In der immer wieder zu vernehmenden Kritik an den PISA-Untersuchungen, diese seien zu stark an Kriterien der (ökonomischen) Verwertbarkeit und überhaupt nur an Kompetenzen interessiert und verfehlten deshalb das wahre Wesen der Bildung, äußert sich diese Position.

Eine eher pädagogisch argumentierende Kritik erhebt gegen den von Humboldt eröffneten Bildungsdiskurs den Vorwurf der Realitätsferne und des Elitären. Es herrsche dort ein «erhabener Ton» (H.-E. Tenorth), heißt es. Als gebildet gelte, wer sich mit Goethe und Beethoven zu befassen verstehe. So Nützliches dagegen wie die kompetente Bewältigung des Alltags, etwa in Gestalt des Umgangs mit einem Mietvertrag oder der verständigen Lektüre der Zeitung, gehe nicht als Bildung durch. Allerdings scheint diese Kritik, die sich gerne auf das literacy- oder Grundbildungskonzept beruft, zu übersehen, dass sich gerade Humboldt wie kaum ein anderer vor ihm für ein Menschenrecht auf Bildung stark gemacht hat. Wie heißt es doch im *Königsberger und Litauischen Schulplan* zu den von Humboldt vorgeschlagenen Reformen: «Jeder, auch der Aermste, erhielte eine vollständige Menschenbildung» (HW IV, S. 175). Und hat Humboldt mit seiner Theorie des Elementarunterrichts nicht ein Konzept vorgelegt, wie dieser Anspruch auf Grundbildung zu realisieren wäre? Mit guten Gründen kann man Humboldt deshalb geradezu einen frühen Vertreter dieser heute so aktuellen Diskussionen um die Grundbildung nennen.

Die Rezeption der Sprachwissenschaft

Eigene Beachtung verdient Humboldt als Sprachwissenschaftler, denn kein anderer hat ein so einflussreiches sprachwissenschaftliches Werk vorgelegt wie Humboldt.

Zwar begann die diesbezügliche Rezeption Humboldts bereits Mitte des 19. Jahrhunderts (H. Steinthal). Mit dem Verblassen des Neuhumanismus und dem Aufstieg des Positivismus verlor sich jedoch das Gespür für den ganzheitlichen sprachwissenschaftlichen Ansatz Humboldts, der Empirie mit wissenschaftlicher Theoriebildung und philosophischer Reflexion zu verbinden sich bemüht hatte. Bald wurden nur noch ausgewählte Aspekte aus der Fülle sprachlichen Materials, das Humboldt zusammengetragen hatte, aufgegriffen und bearbeitet. Als freilich die Editoren der Akademieausgabe mit diesem Paradigma brechen wollten, verfielen sie ins Gegenteil und ließen nun ihrerseits die empirische Grundlage der Humboldtschen Sprachwissenschaft, mit der sich die bisherige Diskussion so ausgiebig beschäftigt hatte, unberücksichtigt. So wie die Humboldtsche Sprachwissenschaft zuvor an ihrer positivistischen Verengung gelitten hatte, sah sie sich nun auf Philosophie reduziert.

Ein Verständnis für den wahren Charakter der Sprachwissenschaft Humboldts entwickelte sich erst in der zweiten Hälfte des 20. Jahrhunderts. Die Impulse, die von einer nunmehr ganzheitlichen Sicht auf Humboldts sprachwissenschaftliches Arbeiten ausgingen und -gehen, sind freilich so zahlreich, dass sie hier nicht einmal in Umrissen dargestellt werden können. Immerhin darf daran erinnert werden, dass in der Philosophie nach ihrer Rückbesinnung auf die konstitutive Bedeutung der Sprache (L. Wittgenstein) u. a. der sprachliche Existenzialismus (M. Heidegger), die «Philosophie der symbolischen Formen» (E. Cassirer), die Hermeneutik als sprachlich geleitete Erkenntnismethode (H.-G. Gadamer), die philosophische Anthropologie (B. Liebrucks) sowie jüngst die Gerechtigkeitstheorie (J. Rawls) wesentliche Anleihen bei Humboldt gemacht haben. In der Linguistik ist die These vom sprachlich vermittelten Weltbild in der Semantiktheorie (L. Weisgerber, J. Trier) aufgegriffen worden und der Gedanke der Sprache als generatives Prinzip in der immer noch aktuellen Transformationsgrammatik (N. Chomsky) – wenn auch auf umstrittene Weise – lebendig. Ebenfalls mit Bezug auf die Weltbildthese haben Ethnologen und Anthropologen in der Auseinandersetzung mit amerikanischen Indianersprachen die Theorie vom «sprachlichen Relativitätsprinzip» entwickelt (B. L. Whorf, E. Sapir), die besonders von Vertretern einer materialistischen Sprachtheorie (L. S. Wygotski, A. Schaff) kritisch diskutiert worden ist. Bei alledem muss bedacht sein: Aufgrund stets neuer Funde ist der gesamte Umfang der Humboldtschen Sprachwissenschaft noch gar nicht bekannt, geschweige denn ausgeschöpft.

Anhang

Literatur

Verzeichnis der zitierten Werke Wilhelm von Humboldts

GS = Wilhelm von Humboldts Gesammelte Schriften. Herausgegeben von der Königlich Preußischen Akademie der Wissenschaften. 17 Bände. Berlin: B. Behr's Verlag 1903 – 1936.

HW = Wilhelm von Humboldt. Werke in fünf Bänden. **Flitner**, Andreas u. **Giel**, Klaus (Hg.). Darmstadt: Wissenschaftliche Buchgesellschaft 1960 – 1981.

BSH = Der Briefwechsel zwischen Friedrich Schiller und Wilhelm von Humboldt. 2 Bände. **Seidel**, Siegfried (Hg.). Berlin: Aufbau-Verlag 1962.

WCB = Wilhelm und Caroline von Humboldt in ihren Briefen. 6 Bände. **Von Sydow**, Anna (Hg.). Berlin: Ernst Siegfried Mittler und Sohn 1906 – 1916.

Grundlegende Darstellungen

Benner, D (2003): Wilhelm von Humboldt (1767-1835) und Friedrich Schleiermacher (1768–1834). In: Tenorth, Heinz-Elmar (Hrsg.): Klassiker der Pädagogik. Bd. I. München: C. H. Beck Verlag, S. 144–159.

Berglar, Peter (1970 u. ö.): Wilhelm von Humboldt in Selbstzeugnissen und Bilddokumenten. Reinbek bei Hamburg: Rowohlt Taschenbuch Verlag.

Borsche, Tilman (1981): Sprachansichten. Der Begriff der menschlichen Rede in der Sprachphilosophie Wilhelm von Humboldts. Stuttgart: Klett-Cotta.

Borsche, Tilman (1990): Wilhelm von Humboldt. München: C. H. Beck Verlag.

Dippel, Lydia (1990): Wilhelm von Humboldts Ästhetik und Anthropologie. Würzburg: Königshausen & Neumann.

Fröhling, Stefan; **Reuss**, Andreas (1999): Die Humboldts. Lebenslinien einer gelehrten Familie. Berlin: Nicolaische Verlagsbuchhandlung.

Gebhardt, Bruno (1896): Wilhelm von Humboldt als Staatsmann. 2 Bde. Stuttgart: Cotta.

Geier, Manfred (2009): Die Brüder Humboldt. Eine Biographie. Reinbek bei Hamburg: Rowohlt Verlag.

Herrmann, Ulrich (1999): Bildung durch Wissenschaft? Mythos «Humboldt» (Reden und Aufsätze der Universität Ulm, H.1). Ulm: Universitätsverlag.

Kaehler, Siegfried A. ([2]1963): Wilhelm von Humboldt und der Staat: ein Beitrag zur Geschichte deutscher Lebensgestaltung um 1800. Göttingen: Vandenhoeck & Ruprecht.

Menze, C. (1965). Wilhelm von Humboldts Lehre und Bild vom Menschen. Ratingen: A. Henn-Verlag.

Rosenstrauch, Hazel (2009): Wahlverwandt und ebenbürtig. Caroline und Wilhelm von Humboldt. Frankfurt am Main: Eichborn Verlag.

Scurla, Herbert (1976): Wilhelm von Humboldt. Werden und Wirken. Düsseldorf: Claassen Verlag.

Spranger, Eduard (1909): Wilhelm von Humboldt und die Humanitätsidee. Berlin: Verlag von Reuther und Reichard.

Spranger, Eduard (1910): Wilhelm von Humboldt und die Reform des Bildungswesens. Berlin: Verlag von Reuther und Reichard.

Sweet, Paul R. (1978/1980): Wilhelm von Humboldt. A Biography. 2 vols. Columbus: Ohio State University Press.

Tenorth, Heinz-Elmar (2010): Wilhelm von Humboldts (1767–1835) Universitätskonzept und die Reform in Berlin – eine Tradition jenseits des Mythos. In: Zeitschrift für Germanistik, H.1, Neue Folge, XX. Jg., S. 15–28.

Wagner, Hans-Josef (2002): Wilhelm von Humboldt: Anthropologie und Theorie der Menschenkenntnis. Darmstadt: Wissenschaftliche Buchgesellschaft.

Wilhelm von Humboldt. Das große Lesebuch (2010). Hg. v. J. Trabant. Frankfurt am Main: S. Fischer Verlag.

Personenregister

Sachregister

A

Anthropologie 7, 30, 103

Antike 8, 11, 13, 16, 25, 27, 29, 32, 35

Ästhetik 28

Aufklärer 17, 38

Aufklärung 10 ff., 16, 18, 23, 38, 49

Aufklärungsphilosophie 26

Aufklärungszirkel 13

Ausbildung 7, 26, 50, 54, 58, 62, 65, 72, 101

B

Berufsausbildung 63 f.

Bildung
    allgemeine 49, 69 f.
    elementare 51
    Bildungsbegriff 38, 44, 100
    Bildungsbürgertum 10 f.
    Bildungsdenken 44
    Bildungsdiskurs 7, 44, 102
    Bildungsidee 43
    Bildungspolitik 46
    Bildungspolitiker 7
    Bildungsprozess 42
    Bildungsreformarbeit 46
    Bildungsreformen 58, 86, 101
    Bildungsreformer 9, 13, 45, 100
    Bildungssystem 70
    Bildungstheoretiker 100
    Bildungstheorie 39, 41, 48, 69, 87, 95, 97

Bildungswesen 7, 10, 45, 47, 59, 73, 98, 100
    Grundbildung 102
    Lehrerbildung 52, 54

Bundesverfassung 86

D

Dichtkunst 37

Diskurse
    kunstphilosophische 27

E

Elementarschule 50, 56, 58, 60

F

Französische Revolution 14, 20, 23, 42

G

Gymnasium 28, 50, 53 ff., 57 f., 60, 62, 65, 69, 100

K

Kunst 12 f., 26, 29, 32, 35, 39, 41, 72, 99
    antike 32

Kunstphilosophie 25, 32

kunsttheoretische Fragen 41

Kunsttheorie 7

L

Lehrerausbildungsfakultät 69

Zeittafel

1767: Humboldt wird in Potsdam geboren (22. Juni)

1787: Immatrikulation an der Universität Frankfurt an der Oder

1788: Wechsel an die Universität Göttingen; Reise durch Deutschland

1789: Reise nach Paris und in die Schweiz

1790: Assessor beim Berliner Kammergericht und Legationsrat im Departement des Äußeren

1791: Heirat mit Caroline von Dacheröden; zurückgezogenes Leben in Burgörner, Auleben und Erfurt; Arbeit an Schriften zur griechischen Antike und zur Staatstheorie

1794: Umzug nach Jena; gemeinsam mit Schiller Arbeit an Fragen der Kunsttheorie

1797: Umzug nach Paris; Arbeit an kunsttheoretischen Fragen; erste Beschäftigung mit sprachwissenschaftlichen Problemen

1799: Reise durch Spanien; Reiseberichte und ethnografische Arbeiten

1801: Reise ins Baskenland; Rückkehr nach Berlin

1802: Ernennung zum Botschafter Preußens beim Heiligen Stuhl und Übersiedelung nach Rom; altertumskundliche Arbeiten und solche zu kunsttheoretischen Problemen

1808: Rückkehr nach Preußen

1809: Leiter der Sektion Kultus und Unterricht im preußischen Innenministerium; zahlreiche Initiativen zur Reform des Schulwesens; Vorbereitungen zur Gründung der Universität Berlin

1810: Rücktritt vom Amt und Ernennung zum preußischen Gesandten in Wien

1813: Für Preußen auf dem Prager Kongress; erste Überlegungen zur Neugestaltung Deutschlands und Preußens

1814: Preußischer Gesandter auf dem Wiener Kongress

1815: Mitwirkung an den Friedensverhandlungen mit Frankreich in Paris

1817: Preußischer Gesandter in London

1819: Minister für ständische Angelegenheiten; Entlassung aus dem Amt

1820: Rückzug auf Schloss Tegel bei Berlin; sprachwissenschaftliche Studien; zahlreiche Vorträge in der Akademie der Wissenschaften zu Berlin

1829: Tod der Ehefrau

1835: Humboldt stirbt auf Schloss Tegel (8. April) und wird dort am 12. April beigesetzt

Daniel Tröhler

Johann Heinrich Pestalozzi

UTB Profile. Band 3009
2008. 105 Seiten, 1 Abb., kartoniert
CHF 17.90 (UVP) / EUR 9.90
ISBN 978-3-8252-3009-8

Pestalozzi ist es maßgeblich zu verdanken, dass heute alle westlichen Gesellschaften die Ansicht teilen, ihre sozialen Probleme seien über Erziehung und Schulbildung zu lösen und so eine bessere Zukunft zu erwarten. Der beispiellose Ausbau der westlichen Schulsysteme in den letzten 200 Jahren wäre ohne diese Überzeugung undenkbar gewesen.

Daniel Tröhler erklärt den intellektuellen Werdegang des berühmten Schweizers im Kontext seiner Zeit.

UTB-Profile: Das sollten Sie wissen!
Denker und Themen im Profil:
klar – knapp – konkret

 **Haupt** **Haupt Verlag** Bern · Stuttgart · Wien
verlag@haupt.ch · www.haupt.ch

Richard Kohler

Jean Piaget

UTB Profile. Band 3036
2008. 125 Seiten, kartoniert
CHF 17.90 (UVP) / EUR 9.90
ISBN 978-3-8252-3036-4

Jean Piaget gilt als der bedeutendste Entwicklungspsychologe des 20. Jahrhunderts. Das vorliegende Buch liefert eine knappe, aber umfassende Einführung in sein Leben und sein vielfältiges Werk. Richard Kohler hebt die pädagogischen Aspekte von Piagets Schaffen hervor, rekonstruiert die institutionellen Kontexte seiner Karriere und analysiert die kulturellen Hintergründe sowie die theologische Basis seiner Theorie.

UTB-Profile: Das sollten Sie wissen!
Denker und Themen im Profil:
klar – knapp – konkret

 **Haupt**   **Haupt Verlag** Bern • Stuttgart • Wien
verlag@haupt.ch • www.haupt.ch

Rudolf Altrichter / Elisabeth Ehrensperger

Sokrates

UTB Profile. Band 3358
2010. 114 Seiten, kartoniert
CHF 17.90 (UVP) / EUR 9.90
ISBN 978-3-8252-3358-7

Im Zentrum dieses Profile-Bandes steht für einmal nicht nur der historische Sokrates, der für seine philosophische Haltung verurteilt wurde
und den Schierlingsbecher nahm. Erläutert wird das Sokratische Gespräch einschließlich seiner Ironie und individuellen Ethik, die aus der
Sicht Platons und anderer Sokrates-Schüler den Anfang und den Reiz
einer philosophischen Denkweise ausmachen.

UTB-Profile: Das sollten Sie wissen!
Denker und Themen im Profil:
klar – knapp – konkret

 **Haupt**   **Haupt Verlag** Bern • Stuttgart • Wien
verlag@haupt.ch • www.haupt.ch

Eveline Zurbriggen

Prüfungswissen Schulpädagogik

Grundlagen

Uni-Taschenbücher (UTB) – mittlere Reihe. Band 3244
2009. 182 Seiten, 27 Tab., kartoniert
CHF 26.90 (UVP) / EUR 14.90 – ISBN 978-3-8252-3244-3

Sie wollen sich effizient auf Ihre Bachelor-Prüfungen in Pädagogik oder einer verwandten Disziplin vorbereiten? Prüfungswissen Pädagogik kann Ihnen dabei gute Dienste leisten: Die Autorin erläutert in leicht verständlicher Sprache die wichtigsten Begriffe der Schul-, Sozial- und Sonderpädagogik, erklärt deren zentrale Modelle und Konzepte, verfolgt historische Entwicklungslinien, fasst die bedeutendsten Ideen grosser Pädagogen und Pädagoginnen übersichtlich und leicht verständlich zusammen und führt durch das Kerngeschäft Unterricht. Prüfungswissen Pädagogik präsentiert den Stoff anhand von Fragen und Antworten unterschiedlicher Schwierigkeitsgrade, die ein gezieltes Lernen auf die Bachelor-Prüfungen zusätzlich erleichtern.

Eveline Zurbriggen

Prüfungswissen Schulpädagogik

Soziale Integration

Uni-Taschenbücher (UTB) – mittlere Reihe. Band 3326
2010. 181 Seiten, 12 Abbildungen, 3 Tabellen, kartoniert
CHF 26.90 (UVP) / EUR 14.90 – ISBN 978-3-8252-3326-6

Sie wollen sich effizient auf Ihre Bachelor-Prüfungen in Pädagogik oder einer verwandten Disziplin vorbereiten? Prüfungswissen Schulpädagogik – Soziale Integration kann Ihnen dabei gute Dienste leisten: Die Autorin erläutert in leicht verständlicher Sprache die Bedeutung der sozialen Lebenslage von Kindern und Jugendlichen für die Schule, geht auf Verhaltensauffälligkeiten ein und thematisiert präventive Handlungsmöglichkeiten zu verschiedenartigen Störungen des Sozialverhaltens. Prüfungswissen Schulpädagogik – Soziale Integration präsentiert den Stoff anhand von Fragen und Antworten unterschiedlicher Schwierigkeitsgrade, die ein gezieltes Lernen auf die Bachelor-Prüfungen zusätzlich erleichtern.

 **Haupt** **Haupt Verlag** Bern · Stuttgart · Wien
verlag@haupt.ch · www.haupt.ch

Martin Lehner
Allgemeine Didaktik

UTB-Basics
2009. 206 Seiten, 30 Abb., 14. Tab., kartoniert
CHF 31.90 (UVP) / EUR 17.90
ISBN 978-3-8252-3245-0

Das Buch bietet eine verständlich geschriebene Einführung in die allgemeine Didaktik und richtet sich an alle, die sich professionell mit dem Lehren und Lernen beschäftigen: Lehramtsstudierende sowie Lehrende aus Schule, Hochschule und Erwachsenenbildung. Der umfangreiche Stoff ist übersichtlich aufbereitet und hilft (zukünftigen) Lehrenden, eigene Ideen zum Lehren und Lernen einzuordnen und weiterzuentwickeln. Didaktische Theorien und Modelle, Bildung, Lernen und Professionalisierung bilden die Grundlage der Allgemeinen Didaktik. Über Ziele und Inhalte, Methoden und Lernerfolg sowie Planung, Reflexion und Evaluation wird die Verbindung zur didaktischen Praxis hergestellt.

! Haupt **Haupt Verlag** Bern · Stuttgart · Wien
verlag@haupt.ch · www.haupt.ch

Martin Kornmeier

Wissenschaftlich schreiben leicht gemacht

für Bachelor, Master und Dissertation

Uni-Taschenbücher (UTB) – mittlere Reihe.
Band 3154
3., aktualisierte und erweiterte Auflage 2010.
322 Seiten, 54 Abb., 2 Tab., kartoniert
CHF 20.90 (UVP) / EUR 11.90
ISBN 978-3-8252-3154-5

Wie gelingt es, ein wissenschaftliches Werk auf die erforderlichen Qualitätskriterien auszurichten und gleichzeitig leserfreundlich zu schreiben?

Prägnant, anschaulich und mit vielen Beispielen zu Inhalt und Stil erklärt dieses Lehrbuch, wie man erfolgreich und verständlich schreibt:
– Warum benötigt eine wissenschaftliche Arbeit ein präzise formuliertes Thema? Eine Forschungsfrage? Definitionen und Hypothesen? Einen Theorieteil?
– Welche Literatur ist zu bevorzugen? Wie bewertet man deren Qualität?
– Wie soll die Arbeit gegliedert werden?
– Wie argumentiert man wissenschaftlich?
– Wie wird man rechtzeitig fertig?
– Wie meistert man «Schreibkrisen»?
– Wie entwickelt man einen Schreibstil, der beim Lesen Spaß macht?

Die ultimative Arbeitshilfe für erfolgreiches und besseres Schreiben in Studium und Wissenschaft.
Mit neuen Kapiteln.

 Zusatzmaterial unter utb-mehr-wissen.de

: Haupt   **Haupt Verlag** Bern · Stuttgart · Wien
verlag@haupt.ch · www.haupt.ch